우리 시대의 두 얼굴

이경수 산문집

아우가 홀연 먼저 가버렸다. 아버지의 모습마저 기억하지 못하고 자랐으며, 이름마저 어린 내가 지었던 아우다. 어릴 때부터 총명해 각별히 아끼고, 마음속으로는 늘 자랑스러워했으나 그런 내색을 별로 하지 않았던 게 지금 생각하면 너무 안타깝고 가슴 아프다.

안 그런 것 같아도 아우는 외로움을 많이 탔다. 이 세상을 살면서 목마른 것도 한두 가지가 아니었다. 마음에 들지 않는 건 못 견뎌하기도 했다. 조심하고 노력했으면 안 그럴 수 있었는데 끝내 이 불편한 세상, 꿈이 겉돌기만 하던 세상을 버리고 말았다.

위_ 프랑스에서 아들 재륭, 딸 채영과 함께 (1998)
아래_ 지리산에서 딸과 함께(2005)

위_ 영국에서 딸과 함께 (1997)
아래 왼쪽_ 딸 초등학교 졸업 때(2005)
아래 오른쪽_ 영국에서 아들과 함께(1998)

우리 시대의 두 얼굴

2006년 11월 17일 초판 1쇄 인쇄
2006년 11월 27일 초판 1쇄 발행

지은이 | 이경수
펴낸이 | 孫貞順
펴낸곳 | 도서출판 작가
　　　　서울 서대문구 북아현3동 1—1278 (우-120—866)
　　　　전화 | 365—8111~2　팩스 | 365—8110
　　　　이메일 | morebook@morebook.co.kr
　　　　홈페이지 | www.morebook.co.kr
　　　　등록번호 | 제13—630호(2000. 2. 9.)

편집 | 손순희 김이하
디자인 | 박은정 오유정
영업 | 남종역 설동근
관리 | 이용승

ISBN 89-89251-53-2

* 잘못된 책은 구입하신 서점에서 바꾸어 드립니다.
* 지은이와의 협의 하에 인지를 붙이지 않습니다.

값 9,000원

우리 시대의 두 얼굴

이경수 산문집

작가

| **책머리에** |

　아우가 홀연 먼저 가버렸다. 아버지의 모습마저 기억하지 못하고 자랐으며, 이름마저 어린 내가 지었던 아우다. 어릴 때부터 총명해 각별히 아끼고, 마음속으로는 늘 자랑스러워했으나 그런 내색을 별로 하지 않았던 게 지금 생각하면 너무 안타깝고 가슴 아프다.
　안 그런 것 같아도 아우는 외로움을 많이 탔다. 이 세상을 살면서 목마른 것도 한두 가지가 아니었다. 마음에 들지 않는 건 못 견뎌하기도 했다. 조심하고 노력했으면 안 그럴 수 있었는데 끝내 이 불편한 세상, 꿈이 겉돌기만 하던 세상을 버리고 말았다.
　부산에서 눈을 감은 그를 태운 차를 인도하면서 대구 계산성당 영안실을 향해 차를 몰고 오면서는 앞이 잘 보이지 않아 몇 번이나 심하게 비틀거렸다. 쓰러질 뻔했다. 몇날 며칠 남이 안 보이는 데서 울었다. 그렇게 서러웠다.
　아우의 가족에게는 늘 미안한 마음이었다. 아우는 어쩌면 세상을 잘 알면서도 세속적인 세상은 너무나 몰랐으며, 비현실적이었기 때문이다. 이젠 의젓하고 어른스러운 재륭이, 언제나 공주처럼 귀여운 채영이, 마음고생이 이루 말할 수 없었던 미망인(신라대 교수, 영문학박사)에게 이젠 무슨 말을 할 수 있으랴.
　아우는 경북 군위의 천주교묘지에 잠들어 있다. 저녁에 술잔을 기울이면 자꾸만 내 앞에 와 앉는 것만 같다. 그는 술을 누구보다도 좋아했고, 술 때문에 괴로워하기도 했다. '술 밖의 세상'을 기꺼워하다가도 '술'이었다.

아우 먼저 보내고
관 속에 흙을 뿌리며, 선생님처럼
그야말로 '좌르르 하직' 했습니다.
아우는 눈감으면서도 그랬듯이 아무 말 않고
말을 다 잃은 나는 아무도 안 보이는 데서
얼마나 서럽게 울었는지요. 울고 있는지요.
봄날인데도, 선생님 말씀대로
'여기는 눈과 비가 오는 세상' 입니다.
모든 게 무너지는 듯한 세상입니다.
왜 그렇게 떠나야 했는지, 아우는
여기에서의 해야 할 일들 펴다 말고
모두 팽개쳐 버리면서, 떠나면서도
형님! 하는 목소리 한 번 들려주지 않고,
처자식은 도대체 어쩌라는 건지. 불현듯
'초월적 지상'[*]을 '지상적 초월'로
바꿔 버렸습니다. 선생님, 아프게도
'다만 여기는 / 열매가 떨어지면 / 툭 하는
소리가 들리는 세상' 입니다.
내가 툭 떨어져 흔들리고 있는
그런 세상의 모서리입니다.
　　　　　　　—「하관 — 목월 선생께」 전문

* 주=「'초월적 지상'과 '지상적 초월'」은 아우의 서울대 박사 학위 논문 제목

아우가 다른 세상으로 먼저 가고
잊으려 할수록 길이 비틀거린다. 이따금
앞이 잘 보이지 않는다. 그렇게 날이 가고
달이 몇 번 바뀐 오늘은 웬일인지
겨우 걷게 된 아우의 모습이 문득 떠오른다.
돌아가신 아버지 얼굴도 모르고 이름마저
어린 내가 지어야 했던 아우,
고사리 같은 손을 잡고 고향집 대문 나서던 때의
멋쟁이 아우. 챙 있는 모자를 쓴, 어머니를 졸라
새로 산 옷까지 차려 입은 채, 그 대견스럽던
걸음걸이. 그 봄날이 이토록 아플 줄이야.
총기가 유별나다고 가는 곳마다
입에 오르내리고, 자라고 크면서는
아무나 붙들고 자랑하고 싶을 정도로
남보다 언제나 저만큼 앞서가던 아우.
남들이 부러워하는 길들 잘도 걸었건만
비뚤어진 세상과는 자주 안 맞아 삐걱거리더니,
더 나은 세상 늘 꿈꾸고 목말라 하더니
세상을 버렸다. 그렇게 가 버렸다.

술에 젖어 푸석해도 눈빛은 한없이 맑았던,
세상이 어디로 가든 깨어서 흔들리지 않던
그 모습이 이토록 쓰라릴 줄이야. 여전히
세상이 삐걱거려 이토록 눈물 나게 할 줄이야.
　　　　　　　　　　—「아우 먼저 가고」전문

　아우가 떠나고 난 뒤 쓴 '졸시'들이다. 하지만 아우는 이러는 나를 못마땅해 할 줄도 알고 있다.
　미망인과 제자들이 정성을 다해 아우가 남긴 원고들을 찾고 모아 문학평론집, 시집, 산문집 등 세 권의 책을 묶게 됐다. 비평이 전공이지만 1990년대 후반부터 쓴 시가 많고, 영문으로 쓴 시들도 적지 않다. 영문으로 쓴 시와 일부 작품들을 빼고도 좀 두꺼운 시집이 됐다. 본인 같으면 많은 작품을 빼고 가다듬겠지만 그 육성 그대로 실었음을 밝혀둔다. 도와주신 모든 분들께 감사드린다.

　　　　　　　　　　　　　　　2006년 겨울
　　　　　　　　　　　　　　　이 태 수

| 차례 |

책머리에 | 이태수 _8

제1부
우리 시대의 두 얼굴 _17
정의는 살아 있는가? _20
6대 전진 총학생회에 바란다 _23
학원 프락치 논란 종식의 길 _25
언론 민주화와 공권력 민주화 _28
중동 사태를 보는 민중의 입장 _31
보안사를 해체하고 대통령은 사과하라 _34
폭력 살인 정권은 물러가라 _37
어려운 시절과 교권 _40
수입 개방 저지하고 민주 정부 수립하자 _43
어방골 '새내기'들에게 _46
새봄의 꿈 _49
사회 변화와 대학의 최소 요건 _52

제2부

김일성 이후, 남북 관계의 진전을 위하여 _57
정권은 짧고 역사는 길다 _60
과거 청산과 민족정기 바로 세우기 _63
세계화와 해외 연수 _66
Seghewha와 Globalization 사이 _69
지방선거에서 성숙한 시민 의식을 _72
시장 논리와 교육 논리 _75
대통령의 역사, 역사의 대통령 _78
6월 항쟁 10주년, 다시 손에 손잡고 _81
대선 길목에서: 전통과 현실에 끼인 부산 _84
'식민지 모국어'와 '세계어' 사이 _88
지령 100호에 부쳐
  ─ '함께 만들고 함께 보는 신문'으로 거듭나자 _91
졸업생을 떠나보내며 _95
김민청에 바란다 _98
1991년 5월 9일 김해시 도민 대회 연설문 _101

제3부

P선생님께 _107
못 부르는 노래, 잘 부르는 노래 _109
손에 손잡고 _111
왼손잡이 사나이 _114
오월, 찬란한 인간의 봄은 어디에? _117
「홀로 서기」에 대하여 _121
누구를 위하여 종은 울리나 _124
'시적 인간'이 그리운 시절 _127
무산의 시인 _129
있는 그대로 사랑하기 _131
책읽기와 거울보기 _133
꽃피는 아이들, 꽃피는 한반도 _135
스승의 날 유감 _140

제4부

편지글 모음·기타 _145

삼가협=歌協 시인 이경수 선생을 추도하며 / 장희창 _191
영원과 현재를 화해시키던 빙그레 웃음 / 조충경 _195
세속적 한계 뛰어넘은 자유 영혼 / 최학림 _197

제1부

우리 시대의 두 얼굴

우리 시대에 진실은 존재하는가? 존재한다면 어디에 존재하는가? 아니라면 허위로만 가득 찬 곳이 이 세상인가? 작금의 황우석 교수 사태는 삶에 대한 이러한 근원적인 물음을 던지게 한다.

황우석 교수는 자신의 논문 조작을 두고 '인위적 실수'라고 표현하고, '인위적 실수'의 많은 부분을 미즈메디 병원 등의 탓으로 돌리고 있다. 긴 말 필요 없이 한마디로 말해, 교언영색으로 세상을 속이려는 욕망을 버리지 못하고 있는 듯하다.

욕망 말이 나왔으니 말이지만, 그리스 신화의 아카루스가 문득 떠오른다. 아버지가 만들어 준 날개를 달고 하늘 높이 치솟았지만, 너무 태양 가까이 솟아올라 날개의 밀랍이 태양열에 녹아 아카루스는 까마득히 추락하고 마는 것이다. 과욕이 죽음을 부른 것이다.

미국의 시사 주간지 《타임》지는 황 교수를 두고 '무너진 우상', '과학계에서 추방당한 사람' 등으로 표현하고 있다. 우리 식으로 말하자면 '국가적 영웅'에서 '국가적 수치'로의 전락인 셈이다.

문제를 좀더 좁혀서 보면 이는 학자적 양심이나 도덕성의 문제이다. 과연 이래도 되는 것인가? 그러나 조금 더 생각해 보면, 세상에는 '잠재적 황우석'들이 즐비하지 않다고 누가 자신 있게 말할 수 있겠는가? 이런 면에서 황 교수는 우리 시대의 한 얼굴을 극단적으로 표상하는 인물이라고 할 수 있다.

그 반대편에 지율 스님이 서 있다. 아니, 누워 있다. 천성산을 살리기 위해, 목숨 걸고 병상에서 치료를 거부하며 단식하고 있는 것이다. 아름다운 천성산 생태계와 운명을 같이 하겠다는 것이다. 실로 눈물겨운 일이 아닐 수 없다.

그러나 눈물을 거두고 사태를 객관적으로 바라보자. 황우석 교수가 '개발과 발전' 논리의 한 극단에 서 있다면, 지율 스님은 그 반대 극단에 서 있다. 개발과 발전은 어디까지 가능하며, 그 한계는 어디인가? '지속 가능한 개발'을 우리는 이야기한다. 그러나 그 실체는 애매하다. 인간적 진실은 이 양극단 사이의 어디엔가 존재할 것이라고만 말해 두자.

그러나 지율 스님은 인간적 진실을 넘어 서 있다. 그의 정신도 육신도 인간적 질서의 바깥에 위치해 있다. 고속철 천성산 관통이 이미 '기정사실'이 되어 버린 지금, 그는 무슨 꿈을 꾸는 것일까? 초인적 체력과 정신력을 지닌 그가 어떤 '초월적' 꿈을 꾸는 것일까? 천성산과 더불어 아름답게 초월하는 꿈? 어떤 기적이 일어나 천성산 고속철 계획이 취소되는 꿈?

아아, 부질없는 인간 세상이여! 부질없는 인간의 꿈이여! 인간의 욕망이여!

그러나 우리는 인간으로 살아가야 한다. 끊임없이 인간적 진실을 되물으면서. 때로는 황우석식 욕망에 부딪치면서, 또 때로는 지율식 꿈에 부딪치면서. 그리하여 우리 시대 양극단의 얼굴들 사이를 지혜롭게 헤쳐 나가면서 인간적 진실을 찾아 나가야 한다.

그리고 우리는 지율 스님을 살려내야 한다. 황 교수야 죽을 사람이 아니니까 논외로 치고, 우리는 우리 시대의 지혜와 결집된 인간적 진실의 힘으로 스님을 살게 해야 한다. 지구가 수없이 돌고 돈 후 비로소 이 아름다운 영혼이 별이 되게 해야 한다. 그것은 스님이 가지고 있을지 모를 모종의 '초월적' 진실을 인간적 진실로 바꾸게 함으로써 가능할지 모른다.

그 모든 거짓과 허위와 위선 속에서도 이 세상은 아름답다. 그것은 바로 지율 스님 같은 아름다운 영혼이 존재하기에 가능한 일이다. 스님도 바로 이 사실을 깨달아 주었으면 한다. 눈높이를 조금 낮추어 인간적 진실의 세계를 또 다른 방식으로 사랑해 주었으면 한다. 물론 황 교수도 이러한 사실을 깨달아 주었으면 한다.

지율 스님과 황우석 교수가 손을 맞잡고 나란히 웃으며 걸어가는 모습을 상상해 본다. 우리들 속의 초월적 꿈과 현실적 욕망이 서로를 제어하고 서로를 지켜 주는 등불이 되어 우리 모두를 시대적 비극과 불행의 늪에서 구해 주기를 간구한다.

정의는 살아 있는가?

　정의는 아직 살아 있는가? 많은 사람들이 고개를 가로젓는 상황에서도 우리는 가끔 이 땅에 정의가 건재하고 있음을 목격한다. 동의대 해직 교수 3명에 대한 교육부의 결정이 최근의 예가 된다. 얼마 전 교육부는 동의대 해직 교수에 대한 재임용 탈락 처분 취소 결정을 내린 것이다. 이 결정으로 이들의 복직의 길이 열렸다.

　돌이켜 보면 이러한 결정은 당연한 것이다. 이들은 '정의와 민주' 의 인간들이었고 현재도 그러하기 때문이다. 김창호 박동혁 장희창 교수가 해직된 것은 무능 때문도 아니었고 어용 때문도 아니었다. 바로 그들이 '정의와 민주' 의 인간들이었기 때문이다. 혹은 전두환 군부 정권 시절 시국 선언에 참여했다가, 혹은 동의대 입시 부정을 폭로했다가, 혹은 5·3 동의대 민주화운동에 연루되었다가 이들은 해직 당한 것이다. 이처럼 이들의 해직은 지난 시대 우리 사회의 불의와 부정의 하나의 표상이었다.

　해직 이후 20여년 에 걸친 복직 투쟁 또한 그 자체가 민주화 투쟁이요 정의의 투쟁이었다. 그리하여 과거 두 번에 걸쳐 국가로부터 복직 판결을 받아 내게 되었다. 그러나 동의대 당국은 복직을 거부하였고, 이들은 시간강사 번역가 학원 강사 생활로 연명하면서 계속 '시대의 상처들'로 남게 되었다.

누가 지난 20여 년간 누적된 이들의 깊은 상처를 한번 들여다본 적 있었는가? 또한 누가 이들의 상처로부터 진정 자유로울 수 있었는가? 동시대를 살아가는 모든 이들의 삶은 미세한 거미줄처럼 어떤 식으로든 서로 얽혀 있지 않은가. 이들이 불의에 의해 대학 밖으로 내몰려 '정신적 홈리스'로 방황할 때 누군들 시대적 사회적 죄의식으로부터 진정 비껴 날 수 있었는가?

돌이켜 보면 지난 20여 년간 이들의 삶의 자취는 우리 시대의 사회적 정치적 변화와 성숙의 자취와 맞물려 있다. 무엇보다도 이들이 이번에 열게 된 복직의 문은 어떠한 난관에도 물러섬이 없이 흔들리지 않는 결연한 투지의 소산이기에 값진 것이며, 이는 결코 이들의 개인적 차원의 결실만이 아니라 지난했던 우리 사회의 민주화 투쟁의 결실이기에 더욱 소중하다고 할 수 있다.

많은 사람들이 이제 우리 사회의 정치적 성숙을 인정하고, 심지어 혹자는 우리 사회를 '지나친 민주화'의 사회라고까지 비아냥거리기도 한다. 그러나 어찌된 영문인지 우리의 교육 현실은 최근 사립 학교법 개정 과정이 보여주듯, 성숙한 민주화와는 요원한 감이 있다. 더구나 오늘의 대학 사회는 학문적 교육적 지향성이 모호한 신자유주의 무한경쟁의 질곡에서 허우적대면서 구성원들의 맹목적이고 비교육적인 숨 가쁜 노동을 요구하고 있다. 이래도 되는 것인가를 시시각각 반문해 보지만, 우리 대학은 자본과 성장의 논리에 지배당하고 교육은 '목구멍의 포도청'에 의해 매질당하고 있음을 부정하기 힘들다.

여기서 우리는 어디로 나아갈 수 있을 것인가? '지속 가능한 성장'은 이제 대학 사회에서도 생각해 보아야 할 문제이며, 그것은 학문적 자유와 교육적 정의를 실현하는 데 토대를 두어야 할 것이다. 또한 교육적 정의는 동의대 해직 교수를 주저 없이 복직시키는 것과 같은 하나의 작은 사회적 정의의 실천을 통해서도 발전되어야 한다.

이러한 점에서 동의대 해직 교수의 복직은 개인적 차원의 회복과 보상을 넘어서 있다. 그것은 우리 대학 사회의 건강한 미래적 발전을 위한 상징적 행위일 수 있다. 갈등과 반목과 아픔이 없는 사회는 없을 것이다. 그러나 인간적 사회적 성숙을 통해 사회의 대립적 구성원들이 용서와 포용과 화합을 이루어 낼 때, 그 사회는 진정한 미래적 비전이 있는 사회일 것이다. 우리 사회가 이러한 사회임을 믿어 마지않는다.

동의대 당국은 이들을 복직시킴으로써 이 땅의 정의가 살아 있음을, 그리고 동의대가 정의의 대학이요 민주의 대학임을 이번 기회에 보여주기를 기대한다.

6대 전진 총학생회에 바란다

6대 총학에서 제일 먼저 생각해야 할 것은 앞선 총학들의 잘잘못을 냉정하고 객관적인 시선으로 되짚어 보는 것이 아닐까 싶다. 가령 4, 5대 총학이 무엇을 이루어 놓았으며 4대 총학의 어떤 점을 5대 총학이 발전적으로 계승하고 어떤 점을 비판적으로 넘어섰는가 등에 대한 엄정한 검토가 있어야겠다는 것이다. 이러한 기반 위에서 6대 총학은 전대 총학들의 성취를 변증법적으로 발전시켜 나갈 수 있을 것이다. 학생 대중과의 관계에 있어 가장 신경을 많이 써야 할, 그리고 가장 고민을 많이 해야 할 부분은 아무래도 지도성과 대중성의 결합 문제일 것이다. 이것은 이를테면 의사 결정 과정이나 정책 추진 과정에서 대중성을 지나치게 의식한 나머지 이도 저도 아닌 막연하고 무방향적인 '민주주의'로 나아가서는 대중 추수주의로 전락할 위험을 경계해야겠다는 것과 다른 한편으로 학생 대중의 현재적 의식 수준이나 역량 수준을 고려하지 않거나 그것을 자의적으로 신비화시킴으로써 전위가 아닌 '전위주의자'로 떨어져 나갈 위험을 경계

해야겠다는 것을 아울러 뜻한다고 할 수 있다. '인제' 인들의 '현재'에 대한 엄밀한 판단 위에서 있어야 할 미래를 향해 '인제' 인들을 목적의식적으로, 일정한 기준에 따라, 책임성 있게 이끌어 내는 것—이것은 힘든 일이지만 또한 그렇기 때문에 그만큼 값진 일이라 할 수 있다.

종합대 초창기의 총학으로서 6대 총학은 또한 단대 학생회와의 바람직한 관계 설정의 터를 닦을 책임을 안고 있다. 특히 의과대 학생회와의 관계 설정이 문제될 수 있을 것인데, 궁극적으로 단대 학생회의 특수성과 자율성을 침해하지 않는 범위 내에서 자신의 지도성을 확보·행사해 나갈 수 있는 역량을 갖추어야 할 것이다.

총학은 물론 학생 대중이나 단대 학생회에만 관계되는 것이 아니다. 학교 당국이나 교수들과의 관계 역시 중요한 것인데, 여기서 강조되어야 할 것은 무엇보다도 상호 자유로운 비판이 있어야겠다는 것이다. 비판이 비판으로 끝나서는 안 될 것이지만 비판이 없는 곳에서 '창조'를 기대할 수 없고 '주체'를 기대할 수 없으며 참다운 협력을 기대할 수 없다. 대학은 일차적으로 비판적 지성의 공동체이다. '인제 공동체'의 책임 있는 한 대표로서 6대 총학이 부울총협이나 전대협과 관계할 때에도 이 점은 역시 강조되어야만 한다.

학원 프락치 논란 종식의 길

학원 프락치 문제로 대학가가 또 한 번 몸살을 앓고 있다. 연세대 구내에서 프락치 혐의로 학생들에게 조사를 받던 전문대생 설인종 씨가 숨진 상태로 발견되는가 하면 부울총협의 선전국장을 맡았던 부산외대 김태수 씨가 정보원 활동을 자인하는 진술서를 부울총협에 제출하였다. 또한 한양대를 드나들던 '일반인' 황성원 씨도 한양대 학생들과 함께 기자회견을 갖고 자신의 프락치 활동을 공개하는 양심선언을 발표하였다.

그런데 설인종 씨는 불행하게도 유명을 달리하였으므로 자신이 연세대 학생들에게 한 진술을 번복할 기회를 갖지 못하였으나 김태수 씨와 황성원 씨는 자신의 진술서와 양심선언이 '구타와 협박에 못 이긴 허위 자백'이었다고 이내 번복 발표하였다. 김태수 씨는 나아가 부울총협의 '양심에 따른 진술'이라는 발표에 맞서 자신의 '결백'을 주장하기 위하여 음독 자살 기도라는 극한적인 방법을 동원하기도 하였다.

우리는 이유와 과정이 어떠하건 간에 한 학생이 죽음에까지 이르게 되고 또한 학생이 죽음 직전까지 이르게 된 현실을 아파하면서 다시는 대학가에 이러한 비극과 불행이 없어야겠다고 다짐해 본다. 그러기 위해서는 무엇보다도 사건의 진상이 명확히 밝혀져야 하고 특히 그 원인이 철저히 규명되어야 한다. 그런 연후에야 비로소 대책다운 대책이 세워질 수 있다.

과연 대통령은 '철저한 진상 조사와 원인 규명'을 지시하였고 검찰과 경찰은 수사에 착수하였다. 그러나 그 수사의 진행 과정을 보면 학생들의 '폭행 혐의'에만 초점을 맞추어 학생들이 '프락치 혐의자'에게 잔혹한 폭력을 가함으로써 허위 자백을 강요, 무고한 학생이나 시민을 부도덕한 인간으로 '개조' 시켜 버렸다는 식의 발표 이상을 볼 수 없다. 다시 말해 검찰과 경찰의 수사는 그 예정된 결론에 따라 학원을 폭력 집단화하는 것 이상의 일을 하지 않고 있다. 아니 그 이상의 일을 하고 있다. '폭력 세력'에 대한 검거 선풍이 일고 구속과 수배가 줄을 잇는 것이다. 뿐만 아니라. 정부·여당 차원에서 '학원 폭력 근절 대책'을 수립하여 대학 내에 청원 경찰을 두겠다고 하고 '학내 폭력 신고 센터'를 설치하겠다고 하고 폭력의 실태를 조사하기 위해 국정조사권을 발동하겠다고 한다. 학생회의 자금원을 봉쇄하기 위해 자판기 등 수익 활동을 불허하겠다고 하고 대학 신문을 이원화하여 '학교신문'과 '학생신문'을 따로 발행시키겠다고 하고 '폭력 총학'을 타도하여 '건전 총학'을 건설하겠다고 한다.

진상 규명은 하지 않고 학생들에 의해 프락치로 지목된 사람에게만 가해진 우발적이고 일회적인 폭력을 일반화하여 대대적인 학원 탄압의 빌미로 삼고 있는 당국의 태도를 보면서 우리는 묻고자 한다. 그 폭력을 부른 것은 무엇인가? 학생들의 근원적 폭력성인가, 당국의 제도적 폭력인가? 프락치로 지목된 사람들의 번복 발언은 혹 '구타와 협박'에 못 이긴 허위 번복은 아닌가? 학원 프락치는 현실적으로 존재하는 것이 아닌가? 5공 시절의 '녹화 사업'에서부터 최근의 국민대생 김정환 씨의 생매장 협박 사건, 연세대생 김정애 씨 납치·프락치 강요 사건에 이르기까지 숱한 프락치 사건들을 보아 온 우리로서는 따라서 촉구하지 않을 수 없다. 예정된 결론이 없는 공정한 진상 조사에 즉각 착수하라고. 프락치 공작의 혐의로부터 근원적으로 벗어나라고, 도덕성 회복을 통해 '폭력 정권'의 오명을 벗고 '건전 정권'으로 다시 태어나라고.

언론 민주화와 공권력 민주화

　1987년 6월의 전 국민적인 항쟁에 밀려 이후 얼마간 기만적인 민주화 제스처를 보이던 정권 담당 세력이 연초의 3당 야합 후에는 자신의 반민주적·반민중적 본성을 하나씩 분명하게 드러내 놓고 있다. 철저히 '가진 자'의 이해에 기초하여 정책을 입안·시행하고, 그렇게 함으로써 '못 가진 자'의 삶을 파탄으로 몰아넣고, 그 삶의 파탄이 가져다주는 '못 가진 자'의 피맺힌 요구와 절규를 '공권력' 투입으로 잔혹하게 짓밟은 일이 현 정권의 기만적인 정책 방향인 것으로 보인다. 그리고 그 기본 방향은 어쩌면 너무나 당연한 것인지 모른다. 다수 국민이 아니라 반민중적·반민주적 정권 자신의 살아남음을 확보하기 위해서는 그러한 연명을 위해 일차적으로 필요한 것이 언론의 장악이라 할 수 있을 것이다. 국민의 '눈과 귀와 입'을 한 손에 틀어쥐고서 여론 조작을 '성과적'으로 수행해 낼 수 있을 때라야 비로소 안정적인 장기 집권의 가능성을 내다볼 수 있게 될 것이기 때문이다.

최근의 KBS 사태도 우리는 이러한 맥락에서 바라보지 않을 수 없다. 그것은 한 방송사 사장과 사원들 간의 사장 퇴진을 둘러싼 단순한 대립의 차원을 떠나 방송 구조 개편과 관련된 반민중적 정권의 언론 재장악 음모에 그리고 그러한 음모에 맞선 깨어난 방송인들의 언론 자주화·민주화 투쟁에 그리고 나아가 우리 사회 전반의 민주화·자주화 투쟁에 깊고 넓게 연관되어 있는 것이다.

KBS 사장으로 '취임'한 서기원 씨는 실로 '화려한 과거'의 소유자이다. 3공 시절에는 총리 비서관으로서 '구국의 유신 시대'를 앞당기는 데 온몸으로 앞장섰으며, 1880년 광주민중항쟁 때에는 "일부 정치인, 학생 및 근로자들의 무책임한 경거망동"을 깊이 우려하여 그들이 "이 사회를 혼란과 무질서, 선동과 파괴가 난무하는 무법 지대"로 만들지 않도록 솔선 5공을 출범시키는 데 자신의 몸을 던지기도 하였다. 6공 들어서는 서울신문사 사장의 신분으로 그 신문사 사원들의 민주화 요구를 성공적으로 '진압'하는 데 자신의 정력을 쏟아 붓기도 하였으며, KBS사장으로 '취임'한 후에는 백골단이라 불리는 '공권력'을 동원하여 방송 민주화를 요구하는 '부사 사원들'을 강제로 잡아 가두는 일을 자신의 최초의 임무로 삼기도 하였다. 서기원 씨는 언제까지 KBS 사장으로 남아 있을 것인가. 그의 남아 있음으로 하여 KBS 사원들은, 또 국민들은 언제까지 고통과 불편을 겪어야만 할 것인가. 폭력적인 사권력이 공권력을 빙자하여 행사되는 일은 또 언제나 이 땅에서 사라질 것인가.

'우리의 공권력'이 서기원 씨에게 행사될 날은 언제일 것인가. 모든 반민족·반민주·반민중 세력들에게 민족적이고 민주적이며 민중적인 '공권력'을 투입할 날을 우리는 언제로 잡아야 할 것인가.

우선은 '6월'이 저 앞에서 우리를 기다리고 있다. 그 위에는 '7, 8월'이 서 있다. 그리고 지금은 '5월'이다.

중동 사태를 보는 민중의 입장

이라크의 쿠웨이트 침공으로 시작된 페르시아 만 사태는 유엔 안보리가 이라크에 대한 경제제재 조치를 결의하고 미국을 비롯한 수개 국의 '다국적군'이 사우디아라비아에 파병되는가 하면 미국이 이라크를 드나드는 모든 선박에 대한 전면적인 해상봉쇄 조처를 취함으로써 위기감이 고조되고 있다. 국제법상 전쟁 행위로 간주되는 '해상봉쇄' 조처를 미국이 취함으로써 페르시아 만에는 무력 충돌 가능성이, 경우에 따라서는 또 하나의 '중동전쟁'의 가능성이 높아지고 있으며, 또 전쟁이 발발하지 않는다 하더라도 현재의 군사적 대치 상태가 장기화할 경우 세계경제에 대한 그 여파는 심대할 것으로 예상된다. 우리 정부도 이라크에 대한 경제제재 조처에 '미국을 따라' 동참하였고 그곳 교민들의 철수를 진행 중에 있다.

쿠웨이트에 대한 이라크의 무력 침공·병합 행위는 일단 불법적·폭력적인 것으로서 이성의 이름으로 규탄 받아 마땅하다 할 수 있다. 유엔의 경제제재 조처나 무기 금수 조처 등은 이러한 맥락에서 이해될 수 있다. 그러나 미국의 '군사적 개입'은 어떠한가?

사우디아라비아에 대한 이라크의 침공이 임박했다는 이유를 들면서 미국은 '사우디아라비아 방어'를 명분으로 이 지역에 대규모 병력을 파견하였다. 뿐만 아니라 자신과 이해를 함께 하는 서방국가들이나 자신의 영향력 하에 있는 아랍의 약소국가들을 종용하여 '다국적군' 구성을 도모하는 한편 그 다국적군을 '유엔군'의 이름으로 운용·지휘할 방안을 강구하고 있다. 그러는 한편 실질적으로 전쟁상태 돌입을 의미하는 '해상봉쇄'라는 말을 사용하기를 한사코 거부하면서, 식량을 포함한(이라크는 식량의 4분의 3을 수입에 의존하고 있다) '모든 품목'에 대한 무력 봉쇄 조처를 취함으로써 이라크 국민 '굶겨 죽이기 작전'을 시행하고 있다.

미국의 이러한 '군사 개입'은 정당한 것인가? 그것은 쿠웨이트와 사우디아라비아의, 나아가 중동의, 더 나아가 세계의, '자유'와 '민주'와 '평화'를 지키기 위한 것인가? 미국은 그것들을 지키는 '정의의 세계 경찰'인가? 베트남 내전 개입이라든가, 그라나다·파나마 침공 등을 목격한 우리로서는 이러한 모든 질문들에 대하여 분명하게 아니라고 답할 수 있다. 이번의 군사 개입 역시 이라크의 쿠웨이트 침공을 빌미로 중동 지역을 군사적·경제적으로 장악하기 위한 제국주의적 폭력의 하나일 수밖에 없는 것이다.

제국주의적 침략의 빌미를 제공한 이라크 역시 정당하다고 할 수는 없다. 이라크 대통령 후세인은 아랍권의 패권을 꿈꾸는 독재자임에 틀림없다. 하지만 그렇다고 해서 아랍 '민족'의 문제에 '외세'가 군사적으로 개입할 근거가 정당하게 주어지는 것은 아니다. 이는 어디까지나 아랍 민족 내부의 문제인 것이고 내부에서 자체적으로 해결되어야 할 문제인 것이다.

이라크의 쿠웨이트 침공 자체만 하더라도 이는 가령 미국의 파나마 침공과는 차원을 달리한다. 최근 들어 아랍권에 여러 나라들이 생겨나고 그 과정에서 이라크와 쿠웨이트도 분리되었지만, 아랍 나라들은 근대적 의미의 '독립국가'라기보다는 분산된 '부족 집단'의 성격을 강하게 지니고 있다. 따라서 아랍인들은 특정 국가에 대한 귀속감이 희박한 대신 '아랍은 하나'라는 형제 의식을 강하게 가지고 있고, 한 나라가 다른 나라에 '개입'하더라도 '침공' 의식을 별로 가지지 않는다.

중동 사태는 아랍 민족 내부에서 자주적으로 해결되어야 하며 외부의 영향력은 도덕적인 선에서 그쳐야 한다. 따라서 미국은 무력 개입을 중단하고 제국주의적 시도를 포기함으로써 세계 경제의 안정에, 그리고 세계 평화에 기여할 기회를 놓치지 말아야 한다. 우리 정부 또한 자주성 회복, 아니 확립의 노력을 이제는 좀 보여주었으면 한다.

보안사를 해체하고 대통령은 사과하라

용기 있고 양심적인 한 사병에 의한 국군 보안사령부의 불법적인 민간인 사찰 사실 폭로가 온 국민을 충격과 분노 속으로 몰아넣은 지도 한 달이 가까워 온다. 그동안 정부쪽에서는 이렇다 할 대책 발표나 진지한 진상 규명의 노력 혹은 사과 표명 등이 없이 국민의 비판적 여론이 잠잠해지기를 기다리다가, 보안사의 '범죄행위'에 대한 국민적 분노가 전혀 가라앉을 기미를 보이지 않자 오히려 엉뚱하게도 '범죄와의 전쟁'을 선포함으로써 문제의 본질을 호도하고 보안사 사건으로 가중된 정권의 위기 국면을 타개해 나가는 한편 민주 세력을 대대적으로 탄압하겠다는 전도된 의도를 노골적으로 드러내었다.

그런가 하면 지난 22일 국방부 장관이 민자당 단독으로 소집된 국회 국방위에서 보고 형식으로 발표한 사건 조사 결과와 대책이라는 것도 하나에서 열까지 자신의 잘못을 인정하지 않고 갖은 변명과 책임 회피, 기만, 지엽말단적 미봉책으로 일관함으로써 국민들을 다시 한 번 더 깊은 실망과 배신감, 분노 속으로 밀어 넣었다. 보안사의 사찰 대상은 군 관련 간첩과 불순 좌경 용공 세력이라든가 민간인을 사찰한 것은 군을 보호하기 위해서였다든가 군 기관에서 대민 정치 사찰을 한 것이 아니라 국민이 오해한 것이라는 등의 발언이 군의 정치 개입과 불법 사찰이 종식되기를 염원하는 국민적 기대와 대체 어떤 관계가 있단 말인가. 보안사 감찰실 기능을 강화하겠다, 국방부 특명 검열단을 강화하겠다, 혹은 보안사의 명칭 변경을 검토하겠다는 등 국방부 장관이 그 이후 기자들에게 밝힌 내용 또한 국민적 비판 여론을 일시적으로 무마시키고 희석시키기 위한 기만책이요, 호도책이 아니고 달리 무엇일 수 있단 말인가.

국민을 우롱하고 기만하며 공포감과 배신감 속으로 몰아넣는 정부 당국의 이러한 처사에 대해 말할 수 없는 분노를 느끼면서, 또 이 나라 국민이 다시는 그러한 공포감과 배신감에 시달리지 않고 말 그대로 인간다운 자유와 권리를 누리며 살아갈 수 있게 되어야 한다는 간절한 바람으로 우리는 다음과 같이 우리의 입장을 밝히지 않을 수 없다.

첫째, 보안사를 포함한 군의 최고 통수권자인 대통령이 직접 국민 앞에 겸허하게 사과하고, 정보기관을 통한 정보·공작 정치를 그만두겠다는 결연한 의지를 표명해야 한다.

둘째, 정부는 이번 기회에 보안사뿐만 아니라 안기부·치안본부 등에 의한 사찰 실상도 전면적으로 공개하고, 국민의 기본권을 보장할 수 있는 제도적 장치를 마련해야만 한다. 여기에는 안기부법 등 반민주 악법의 개폐 작업도 당연히 포함되어야 한다.

셋째, 정부는 보안사의 부분적인 기구 개편에 그칠 것이 아니라 보안사 자체를 해체하고 그 기능을 각 군 방첩대로 이관하여야 한다.

넷째, 군은 정치적 중립을 확고히 지켜야 하고 어떠한 경우에도 정치에 개입하지 말아야 한다.

다섯째, 국회는 국정조사권을 발동하여 이번 사건에 대한 철저한 진상 규명에 나서야 한다.

여섯째, 정부는 '범죄와의 전쟁' 선포와 그에 따른 후속 조처들을 하루빨리 철회해야 한다.

이러한 민주적 조처들이 제대로 취해지지 않을 때 민자당 정권은 광범위한 민주·민중 세력으로부터의 또 온 국민으로부터의 또 다른 '범죄와의 전쟁'에 맞닥뜨리지 않을 수 없을 것이다.

폭력 살인 정권은 물러가라

　경찰의 무자비한 폭력이 이 땅의 꽃다운 젊음들을 잇달아 죽음으로 몰아넣고 있다. 명지대 강경대 씨의 쇠파이프 구타에 의한 무참한 죽음으로부터 시작하여 전남대 박승희 씨, 안동대 김영균 씨, 경원대 천세용 씨가 연이어 제 몸을 살라 이미 유명을 달리하였거나 현재 사경을 헤매고 있다. 강경대 씨의 폭력 살인뿐만 아니라 그 살인에 항의하는 젊은이들의 분신이나 분신 사망도 분명 자살 기도나 자살이라기보다는 경찰의 조직적 폭력이 강요한 구조적 타살이라 할 수밖에 없다. 우리는 이와 같은 일련의 사태에 접하여 충격과 치 떨리는 분노를 금할 길이 없다.
　이러한 끔찍스런 구조적 타살은 물론 어제 오늘의 일만은 아니다. 멀리 갈 것도 없이 박종철, 이한열, 이석규, 이철규 씨 등 이 땅의 폭력적인 '공권력'에 의해 처참하게 희생당한 젊음의 예들을 우리는 이루 헤아릴 수 없을 정도로 보아 왔다. 최근의 예는 '공권력'의 살인적 횡포의 집중적 표현이라고 할 수 있다.

이제 우리는 결연히 뒤집어 물어보고자 한다. 중무장을 하고서 이 땅의 주인인 우리 앞에 몰려와서 '데모'를 하는 경찰은, 최루탄을 쏘고 군홧발로 짓이기며 '과격 시위'를 하는 경찰은, 물대포를 쏘고 쇠파이프를 휘두르며 '극렬 시위'를 벌이는 경찰은, 학교 앞에서 공장 앞에서 거리에서 '살인 시위'를 일삼는 경찰은 대체 누구인가. 그리고 우리는 이제 명백히 규정하고자 한다. 이 땅의 경찰은 이제 더 이상 '민중의 지팡이'나 '공권력'이 아니라 폭력적이고 살인적인 사권력에 지나지 않는 것이라고. 공권력을 빙자한 조직 폭력배나 일종의 범죄 조직에 지나지 않는 것이라고. 그 조직 폭력배를 하수인으로 두고 있는 현 정권 또한 일종의 범죄 집단에 지나지 않는 것이라고. 그리고 이제 우리는 말할 수 없는 슬픔과 분노로 '범죄와의 전쟁'에 분연히 떨쳐나서고자 한다.

민중은 이미 대대적으로 '범죄와의 전쟁'에 나서고 있다. 경찰과 정권의 '과격 시위', '폭력 시위', '살인 시위'를 진압하려 수십 만이 거리에 나섰다. "강경대를 살려내라", "백골단을 해체하라", "노태우 정권 타도하자", "민자당을 박살내자"는 노여움에 찬 함성들이 연일 전국 곳곳을 뒤덮고 있다. 연일 수많은 '우리들'이 피를 흘리고 있다.

이러한 급박한 '위기적' 상황에 즈음하여 우리는 다시 한 번 현 정권에게 강력히 그리고 간절히 촉구하고자 한다. 백골단과 전투경찰을 즉각 해체하고 내무부 장관을 비롯한 치안 책임자를 형사 처벌한 후 정권 스스로가 물러나라고. 그 길만이 더 이상의 슬픔과 희생과 피와 죽음과 '혼란'을 막을 수 있는 길이라고.

물론 우리가 크게 기대를 거는 것은 아니다. 기만적이고 반민주적이며 반민중적인 현 정권의 본질을 너무나 익히 체험해 왔기에 그러나 다시 한

번 간곡히 당부하고자 한다. 더 이상의 죽음을 부르지 말고 자진하여 권력에서 물러나라고. 우리의 이러한 당부가 받아들여지지 않을 때 우리의 누적된 슬픔과 분노는 손에 손잡은 투쟁의 모습으로 5월의 거리를 메울 것이며 마침내 거대한 '제2의 6월 항쟁'이 폭력 살인 정권을 강제 퇴진시키고야 말 것이다. 그리고 우리에게 '제2의 6·29'는 없다.

어려운 시절과 교권

　민주화를 갈망하는 사람들에게 오늘은 분명 고난과 시련의 어려운 시절이다. 고르바초프의 개혁·개방정책 이후 동독의 서독으로의 흡수 통합을 비롯한 동유럽 사회주의권의 변화에 뒤이은 최근의 소련 사태는 '사회주의·공산주의의 몰락과 자본주의의 승리'라는 간편한 도식적 설명의 형태로 이 땅의 지배계급에 의해 민주 세력에 대한 이데올로기적 공세의 계기로 이용되고 있다. 그 궁극적 의미가 어떠하고 또 그것을 우리가 어떻게 적극적이고 생산적인 방향으로 활용할 수 있건 간에, 이와 같은 세계사적 변화가 지금 당장 이 땅의 민주 세력에게 의미하는 것은 고민과 암중모색 그리고 수난이라고 할 수 있을 것이다.
　광역 선거에서의 '압승' 이후 그렇지 않아도 기고만장해 있던 민자당 정권은 이러한 사회주의권의 변화를 이념적으로 등에 업고서 바야흐로 대대적인 탄압에 나서고 있다. 학생·재야·문화계 인사에 대한 검거 선풍이 불고 구속과 수배가 줄을 잇는다. 기존의 악법은 고쳐지지 않고 새로운 악법이 계속 고개를 쳐든다. 사회 전체가 보수화의 길을 걷고 민주화는 거듭 뒷걸음질한다.

우리가 몸담고 있는 대학 사회 역시 이러한 추세에서 예외가 아니다. 지난해의 사립학교법 개악으로 사학 재단의 무소불위의 전횡이 법적으로 보장되었고 올해의 교육공무원법과 교육공무원 임용령 개악으로 국립·사립 할 것 없이 교권은 땅에 떨어지고 교수 신분은 형편없이 불안한 것으로 격하되었다.

이러한 사정의 집중적인 표현이 최근의 동의대 해직 교수 재임용 탈락 사태이다. 이것은 또한 현 제도 하에서 사학 당국이 어느 정도로 '무식'해질 수 있는지를 예시해 준다는 점에서 우리의 주목을 요한다. 이번에 재임용에서 탈락된 박동혁·김창호 두 교수는 1989년 8월에 해직되었으나 학교 당국의 부당한 해임 조치에 불복하여 법원에 해임 처분 무효 확인 소송을 제기, 오랜 법정투쟁 끝에 1990년 10월 마침내 복직 판결을 받았다. 그러나 동의대 당국은 법원의 판결을 무시하고 여태껏 두 교수를 복직시키지 않고 있다가 이번에 재임용 제도를 '무식'하게 적용, 또 한 번의 '추방령'을 내린 것이다.

여기에는 기본적으로 세 가지의 연속적인 부당성이 개재되어 있다. 먼저 두 교수의 해직 자체가 부당한 것이었다. 학교의 비민주적인 운영에 대한 비판과 입시 부정의 폭로가 해임의 원인이 되었기 때문이다. 이는 법원에서도 인정되어 복직 판결이 났으나 그 판결에 따르지 않은 것이 또 하나의 부당성이다. 그리고 두 교수를 복직도 시키지 않은 상태에서 재임용 제도를 적용한 것이 세 번째 부당성이다. 아니 이는 부당성을 넘어 아예 '불가해한', 상식을 가진 사람이라면 도저히 이해할 수 없는 조치일 따름이다.

　이전에도 그랬듯이 이번에도 동의대 현직 교수들 사이에서 아무런 움직임의 기미가 없었으므로 두 교수가 소속되어 있는 민교협의 회원 교수들은 그 '불가해한' 조처에 대한 해명을 요구하여 총장을 방문하였다. 그러나 총장은 이미 자리를 비운 후였으며 이어 인사위원장인 교무처장을 찾았으나 자신은 잘 모른다는 무책임한 답변뿐이었다고 한다.
　이러한 일련의 사태를 지켜보면서 우리는 말할 수 없이 착잡하고 서글픈 심정을 억누를 길이 없다. 울화와 울분을 달랠 길이 없다. 하지만 서글픔과 울분만으로 무엇을 할 수 있겠는가. 우리 모두 두 교수의 조속한 복직을 빌면서 차분히 우리 자신을 되돌아보자. 동의대에서 횡행하는 '무식함'과 '불가해함'을 타산지석으로 삼아 우리 대학의 민주적 발전을 위해 뜻과 힘을 모아 나가자. 교수·학생·직원이 서로 도와 교수평의회·총학생회·직원 노조의 위상 정립을 위해 힘써 나가자. 그리하여 이 '어려운 시절'을 넉넉하게 이겨 나가자.

수입 개방 저지하고 민주 정부 수립하자

현재 우리나라 농업은 존립의 위기에 직면해 있다. 지난 40여 년간의 농업 홀대 정책으로 이제 농촌에는 농사 지을 사람이 없고 농지에는 심을 작물이 없으며, 식량 자급도는 떨어지고 농가 부채와 소작율은 증대하고 대부분의 농가가 빈농화하는 등 농촌 사회가 전면적인 해체의 위기에 직면해 있다. 이러한 피폐한 삶의 조건 속에서 올해는 추곡 수매가와 수매량이 농민들의 피땀에 대한 최소한의 보상이 되기에도 크게 못 미치는 선에서 결정되자 건국 이래 최초의 추수 총파업을 결행하는 등 농민들의 분노와 원성은 폭발 일보 직전에 다다라 있다.

정부에서는 올해 수매가 인상률과 수매량 책정이 물가 안정과 농촌 경제의 어려움, 재정 여건 등을 고려해 결정한 적정 수준의 것이라고 강변하고 있으나 이는 물가 상승률, 생산비 상승률 등 제반 여건을 고려해 볼 때 한마디로 농사를 포기하게 만들고 농민을 죽이는 반농민적·반농업적 정책일 수밖에 없다는 것이 학계의 공통된 견해이다. 달리 말해 '낮은 수매가·적은 수매량' 정책의 본질은 단계적인 농업 축소·해체 정책의 일환이라는 것이다. 농민의 인간다운 삶을 협박·말살하면서 농업 포기 정책을 펼쳐 나가는 정부 입장의 근저에는 농산물 수입 개방 불가피론이 놓여 있다.

과연 농산물 수입 개방은 불가피한 것인가. 결론부터 말하자면, 국민적 합의와 이에 기초한 정책 당국의 의지 여하에 따라서는 개방은 피할 수도 있고 그 폭을 줄일 수도 있다. 수입 개방이란 단순히 농산물 무역에서 국경 장벽을 철폐함을 뜻하는 것도 아니고 또 외부 압력에 의해 강제될 성격의 것도 아니며, 국민경제의 실태를 총체적으로 인식한 위에 일정한 가치판단에 따라 국민 스스로가 주체적으로 선택해야 할 문제인 것이다.

요는 개방의 국민경제적 득실인 바, 흔히 "개방으로 가장 피해를 입는 계층이 농민이고 혜택을 보는 계층은 일반 소비자"라든가 "개방이 공업에는 유리하고 농업에는 불리하다"고들 하는 논리는 지나치게 단순하고 위험한 것이 아닐 수 없다. 수입 개방은 공업을 포함한 국민경제 전체를 위해서도 바람직하지 못하다. 개방으로 농업이 잃는 것 이상으로 공업이 얻는다는 보장이 없으며, 개방을 통해 내어 주는 것은 확실하지만 얻을 수 있는 것은 전혀 불확실하기 때문이다. 또한 현 단계 수입 개방의 진정한 성격은 미국과 국내 독점자본의 이해의 일치에 근거한 것이며 그것은 미국의 독점자본에 의한 국내 독점자본의 불평등한 경제 통합 과정이란 의미에서 대미 종속 체제의 유지·강화일 수밖에 없다는 사실을 직시할 필요가 있다. 요컨대 수입 개방은 국내 민중 전체의 이익에 부합되는 것이 아니다.

현재 86%에 달하는 농산물 수입 자율화율은 지금 추세대로라면 1997

년에는 100%가 될 전망이라 한다. 그리하여 마침내 우리나라에 농업과 농민이 없어진다면?

국민경제적 득실을 떠나, 국민의 기본적인 식량을 안전하게 또 적정한 비용으로 공급해 줌으로써 한 국가로서의 정치·경제적 주체성을 유지시켜 주는 식량 안보 기능이 상실될 것이며 토양 보존 기능, 환경 정화 기능, 보건 휴양 기능, 나아가 건강한 인격 형성을 위한 제반 사회·문화적 기능이 소멸되어 우리 사회는 그야말로 썰렁하고 황폐한 불모의 땅이 되어 버리지 않겠는가?

농업 문제는 단순히 농민만의 집단 이기주의적인 문제가 아니다. 전체 국민의 생존과 국가 자체의 지주·자존이 걸린 중차대한 문제이다. 정부는 지금이라도 농업의 이러한 역할과 중요성을 다시 인식하여 농정의 방향 자체를 국내의 독점자본 본위에서 국민 본위로, 수입 개방에서 국내 생산 증대 쪽으로, 농업 포기 정책에서 농업 재건 정책으로 전환하여야 한다. 정부가 마땅히 할 일을 하지 않는다면 8백만 농민들과 손잡고 온 국민이 떨쳐나설 수밖에 없다. "수입 개방 저지하고 민주 정부 수립하자!"는 함성이 귓전을 때린다.

어방골 '새내기'들에게

새봄을 맞아 캠퍼스에 새사람들이 가득하다. 모진 입시 지옥의 겨울을 뚫고 풋풋하게 피어나 대학 교정을 온통 '봄'으로 만들어 가고 있는 '새내기'들은 우선 보는 이의 가슴을 싱그럽게 한다.

'봄은 왔으되 아직은 봄이 아닌' 우리의 현실을 생각해 볼 때, 무한한 새로운 가능성을 안고 온 새내기들은 또한 우리에게 자못 커다란 기대와 가슴 설렘을 안겨다 주지 않을 수 없다. 어방골의 새 식구들에게 가슴 뜨거운 축하와 환영의 박수를 보낸다.

새내기들 쪽에서는 물론 불만이 있을 것이다. 우리 대학이 가지고 있는 몇 가지 어려움들, 예컨대 대학의 지리적 위치로 인한 교통상의 불편이라든가 초창기 대학으로서 가질 수밖에 없는 강의실·문화 공간의 부족 등이 마음에 차지 않을 것이다. 또한 우리 대학이 후기 대학임으로 해서 적어도 한번쯤은 입시에서 고배를 마셔 본 경험이 있을 우리 새내기들은 어쩌면 앞으로 상당 기간 '후기대 콤플렉스'에서 헤어나지 못할지도 모른다. 그러나 '아파하는 만큼 성숙해진다'는 말의 의미를 건설적으로 새기면서 눈을 한번 크게 떠서 주위를 살펴보라. 머리 위에는 푸르른 하늘이 있고 상쾌한 공기가 온몸을 어루만지며 맑은 물이 갈증 난 목을 축여 준다. 그뿐인가. 전국 어디에 내놓아도 손색없을 젊고 유능한 교수들과 역시 누구에 못지않게 품성 좋고 훌륭한 선배들이 여러분을 이끌어 준다.

교수들과 선배들의 가르침과 지도와 격려 속에서 여러분은 이제 대학의 자유와 낭만과 사랑을 구가할 것이다. 지옥에서 해방된 홀가분함으로 한껏 젊음의 열기를 발산시키고 열정을 불태울 것이다. 하지만 '뉴키즈' 공연장에는 제발 가지 말아 달라. 여러분은 이제 입시 지옥의 포로가 아니며, 자유롭고 주체적인 인격체이며, 그래서 저급한 제국주의 대중문화에 자신의 몸과 마음을 무작정 내맡길 자유가 여러분에게는 주어져 있지 않다. 가라오케나 노래 연습장에도 가지 말라. 문화적 식민지 상황을 딛고 건강한 대학 문화, 건강한 민족문화를 건설해 내어야 할 책임이 여러분에게 주어져 있다. 전통문화에 대한 인식을 새롭게 하면서 건전하고 공동체적인 생활 문화와 놀이 문화를 가꾸어 가고, 또 그렇게 함으로써 근원적으로 인간적인 사회를 불러와야 할 책무가 여러분의 두 어깨에 지워져 있다.

그러한 책무를 다하기 위해서는 물론 자신의 개인적인 장래에 대한 고민과 더불어 민족과 조국의 미래에 대한 고민과 모색을 거듭하여야 할 것이고, 거듭된 모색과 치열한 고민을 통해 스스로 민족과 조국의 자주화와 민주화와 통일을 위한 올바른 관점을 정립하여야 할 것이다. 이는 물론 힘겹고 고통스런 일이지만 그러나 이 땅에서 인간답게 살아가고자 하는 사람이라면 누구도 피할 수 없는 힘겨움이고 벅참이고 또 '뿌듯함' 이기도 하다.

  앞으로 대학 생활이 진행되면서 여러분의 역사의식과 사회의식이 깊어질 것이고 또 그와 더불어 여러분의 고민과 내적 갈등도 그만큼 커질 것이다. 이를테면 '도서관과 집회장 간의 갈등' 속에서 때로는 주저앉아 버리고 싶기도 하고 때로는 혼곤히 '잠들어' 버리고 싶기도 할 것이다. 그러나 끝내 주체적인 고민을 내던지지 말라. 이 땅의 '참봄'을 불러올 사람은 바로 여러분이기에 이 땅의 '참봄'을 위하여, 그리고 그 봄을 불러올 새내기 여러분을 위하여, 대학인의 사랑 하나를 권하고자 한다. 역사의 진보를 향한 노력과 이성간의 사랑이 하나가 되는, '역사적 사랑'을.

새봄의 꿈

또 다시 봄이 왔다. 꽃샘바람이 시샘하는 속에서도 산야는 한 점 한 점 푸른 기운을 하늘로 밀어 올리고 있다. 어느 시인의 말처럼 얼어붙은 겨울의 땅 속에서 꿈 없이 자던 잠이 우리를 한층 포근하게 했다 할지라도, 우리는 봄을 맞으며 또 다시 '잔인한 꿈'을 꾸지 않을 수 없다.

6공 2기가 출범하였다. '민주 정부 수립'의 꿈이 당장은 허공에 산산이 흩어진 꿈이 되어 버린 시절에서 우리는 다시금 갈림길에 서 있다. 점진적인 변화와 개혁을 통해 궁극적으로 인간다운 사회를 이룩할 전망을 과연 가져도 좋을 것인가, 아니면 그야말로 '미국적'인 자본주의의 '진흙탕 개싸움'의 삶으로 빠져들어 무너져 앉아 버릴 것인가. 6공 2기의 책임자는 우리에게 '신한국' 건설의 화사한 꿈을 약속한다. 우리는 그러나 유보 섞인 기대로 거기에 답할 뿐이다. 제대로 된 답변은 '정통성 있는 문민정부'의 앞날의 몫이다.

정통성을 갖춘 체제로 말하자면 우리 대학의 경우도 마찬가지이다. 총장 2기의 임기가 시작되었다. 그 임기는 우리에게 '민족 사학'의 꿈을 제시한다. '통일된 조국의 하늘 아래 기름진 평야에 우뚝 선 민족의 대학', 누가 바라지 않겠는가. 누가 몸을 빼려 하겠는가. 그러나 진정한 민족 사학은 오는가. 또 어디에서 오는가.

우리 대학의 경우 먼저 대학의 책임자로부터 온다. 대학 책임자의 균형 잡힌 대학관, 그리고 좀더 민주적인 대학 운영 방식으로부터 온다. 이 점에서 말 그대로의 민족 사학 건설을 위하여 지난날과 달라진 시각을 가질 필요는 비단 '지난날의 운동권'에게만 있는 것은 아닐 것이다.

민족 사학은 '인제'인 모두의 꿈이다. 그러나 그것을 제대로 건설하기 위해서는 무엇보다 훌륭한 교수들과 학생들을 그 터전으로 가능한 한 많이 '끌어들이는' 것이 필요할 것이다. 못지않게 중요한 것은, 그렇게 온 사람들이 '푸른 산빛을 깨치고' '차마 떨치고 가지' 못하도록 할 수 있는 구조를 대학이 스스로 가져야만 한다는 것일 것이다.

자신이 속한 대학을 장래의 굳건한 민족 사학으로 생각할 수 있게 해주는 또 하나의 받침은 교수평의회이다. 교수평의회 역시 최근에 그 2기를 출범시켰다. 우리는 평의회에도 바라고자 한다.

먼저, 교권 확립을 위해 더욱 힘써 달라는 것이다. 교권의 의미를 우리는 대학 당국이나 정부쪽으로부터의 어떠한 압력이나 간섭으로부터도 교수가 자유로울 수 있는 권리를 일차적으로 의미하는 것으로 이해한다. 더불어 학생들의 사리를 넘어선 요구로부터도 자유로울 수 있는 권리를 뜻하는 것으로 받아들인다. 이러한 때에만 비로소 학문적·인격적 권위를 교수들은 자신의 몫으로 온당하게 체험할 수 있을 것이다.

또 하나 바랄 것은, 대학의 민주적 발전에 평의회가 그 중추적 역할을 담당해야 할 것이라는 것이다. 과거의 몫, 그리고 미래의 몫까지 떠올리고 헤아리면서 말이다. 교수평의회에 대한 우리의 마지막 주문은, 자신의 위상을 이제 스스로 정립해 나가야 할 것이라는 점이다. 장기적으로 보자면 평의회의 기반 조직으로서 교수협의회를 재조직하는 문제도 검토해 볼 수 있을 것이다. 이는 물론 '기만 없는' 평의회가 학내의 또 하나의 '부속 기관'으로 떨어질 우려는 없는지, 민주적인 의사소통 과정에 문제점은 없는지를 다시 확인해 보자는 생각과 맞물려 있다.

  총학생회의 분발이 요구됨은 말할 나위도 없다. 그러나 무엇보다 중요한 것은 인제대 '민중'의 끊임없이 깨어 있는 의식이고, 또 그러한 의식만이 우리의 새봄에 대한 꿈을 하염없는 '한바탕 봄꿈'으로 되돌려 버리지 않을 수 있다는 것이다.

사회 변화와 대학의 최소 요건

 '고색창연한' 원론에서 시작해 보자. 전통적인 대학의 본령은 아리스토텔레스의 '자유 학문 교육' 혹은 '자유 교양 교육liberal education'의 이상을 실현하는 데 있다고 할 수 있다. 즉 좁은 전문성보다는 폭넓은 교양을 갖추고 전인적 조화를 이룬 교양인을 기르면서, 한 사회의 문화적 전통을 계승·발전시켜 나가는 것이 대학 교육의 전통적 이상이었다. 이러한 이상을 기초로 하여 자유로운 학문 탐구와 진선미의 가치 추구가 가능할 수 있었고, 또 이러한 맥락에서 자유 학문 교육은 대학의 본질적인 기능으로 오랫동안 인식되어 왔다.

 그러나 세월이 흐르면서 이러한 이상은 사회변동으로 인한 새로운 시대적 요청에 따라 그 효용성에 대해 숱한 도전을 받게 되었고, 그에 따라 대학은 역사적으로 부단히 외부의 힘에 저항하면서 적응하지 않으면 안 되었다.

 예컨대 산업혁명 이후에는 산업사회의 요구에 따라 전문 직업교육이 강조되었고, 20세기 후반에 이르러서는 '고도 산업사회'에서 '모든 일'에 적응할 수 있는 청년 집단을 배출시킬 책임을 대학이 떠맡게 되었다고 할 수 있다.

이러한 논의는 물론 서양 대학의 역사를 전제한 것이지만, 우리나라 대학들도 기본적으로 서양식 모델에 기초하고 있다는 점에서 이러한 논의의 한국적 적용에 큰 무리가 따르지는 않을 것이다.

21세기를 내다보는 현시점에서 한국의 대학들은 커다란 전환기에 처해 있는 것으로 보인다. 그 '전환기'는 발전의 계기일 수도, 걷잡을 수 없는 혼란의 단초일 수도 있다. 이 점에서 한국의 대학들은 현재 위상 재조정을 위한 갈림길에 서 있다고 할 수도 있다. 그런데 그 갈림길의 뒤편에 '경쟁'이라는 이름의 무척 비인간적이고 반反대학적인 괴물이 웅크리고 있음을 눈여겨 볼 필요가 있다.

그 괴물은 물론 처음부터 괴물이었던 것이 아니라 '국가 경쟁력'이니 '무한 경쟁'이니 '국제화'니 하는 말들에서 표현되듯, 우루과이라운드 협상 타결 이후 이른바 '문민정부'의 자기 필요가 만들어 낸 것이지만, 또 괴물 뒤에는 미국적 자본주의라는 공룡이 거대한 입을 벌리고 있는 것이지만, 어쨌든 그 괴물은 바야흐로 대학 사회 내에서도 '대학 경쟁력'이니 '적자생존'이니 하는 이름의 제 '자식들'을 번식시키면서 각 대학들로 하여금 '살아남기' 위한 묘안을 백출케 하고 있다.

이러한 갈림길에서 우리 대학의 당국 또한 '도태되지' 않기 위한 대책의 마련에 부심하고 있다. 그것은 지금까지 이를테면 실용 영어 교육이나 전산 교육의 강화라는 형태로 나타나기도 하였고 '기숙사 특강 문제'로 불거지기도 하였다. 앞으로 어떤 대책이 뒤따를지 알 수 없으나, 이런 추세로 계속 나간다면 우리 대학이 언젠가 전문대학이나 기술학교, 심지어는 '취업 준비 학원'으로 화하는 것이 아닌가 하는 '기우' 마저도 심심찮게 접할 수 있다.

이는 물론 현실 학생 대중의 실생활적 요구를 일정 부분 반영하는 면이 있을 것이고, 또 우리 대학의 학생들 모두가 대학 교육의 본질적 동기에 따라 대학을 찾은 것도 아닐 것이다.

그러나 대학이 진정한 '대학' 경쟁력을 가지기 위해서는, 그리고 진정한 '대학'으로 살아남기 위해서는 이 시점에서 '대학'의 본래적 의미를 다시 한 번 생각해 볼 필요가 있다. 대학은 무엇보다도 학생들에게 독립적 사고와 주체적 판단의 전반적 능력을 함양시켜 줌으로써 이후 사회의 어느 분야에 진출해서든 나름대로 가치 있는 역할과 의미 있는 기여를 할 수 있도록, 그 지적·인격적 토대를 튼튼히 마련해 주는 데에 일차적 목표를 두어야 한다. 이것은 시대를 뛰어넘어, 그리고 '고색창연'을 뛰어넘어, '대학'의 최소 요건이라 할 수 있다.

제2부

김일성 이후, 남북 관계의 진전을 위하여

　북한 김일성 전 주석의 죽음이 발표된 지 얼마 후, 국내 모 일간지의 1면 머리에는 두 장의 커다란 사진이 함께 실려 있었다. 하나는 김 전 주석의 대형 동상 앞에 엎드려 통곡하는 흰색 상의에 검은색 하의 차림의 북한 군중의 모습을 담은 흑백사진이었고, 또 하나는 해운대 해수욕장을 가득 메운 남한의 수십만 피서 인파의 모습을 찍은 천연색 사진이었다.
　이 둘은 각각 남한과 북한의 올여름의 모습을 일정 부분 요약해 주는 것이지만, 둘이 일간지의 머리 부분에 병치됨으로써 독자의 마음속에 묘한 느낌을 불러일으킨다. 이를테면 북한 주민들은 '어버이 수령'의 죽음 앞에서 '집단 히스테리'를 일으키고 있거나 그 죽음을 애도하도록 한 여름 땡볕 속에 강제 동원되었으며, 남한 주민들은 이에 아랑곳없이 아니 오히려 그 죽음을 '시원해 하면서' 시원한 해수욕장을 찾아 총천연색 자유와 행복을 구가하고 있다는 상반된 느낌을 줄 수 있는 것이다.
　같은 민족의 일원으로서 북한을 북한 내부적인 관점에서 이해할 수는 없는 것일까? 위의 사진들은 물론 신문 편집자의 '짐작되는 의도'와는 다른 또 다른 방향의 느낌을 불러일으킬 수도 있는 것이지만 김 전 주석의 죽음에 대한 '애도'나 '조의' 표명의 문제와 관련하여서도 우리들에게 근원적 성찰을 강제한다고 할 수 있다. 나아가 민족의 화해와 동질성 회복을 위하여, 그리고 궁극적으로는 민족의 '재통일'을 위하여 북한에 대한 종래의 시각을 재조정할 필요성을 다시금 일깨워 준다고 할 수 있다. 이러한 시각 교정은 짧게는 김 전 주석의 죽음에 대해 조의를 표명할 필요가 있다는 야당 국회의원의 발언이나 대학가 대자보에 대한 권력과 언론의 '매카시즘'적 공격을 뛰어넘기 위해서도 필요한 일이고 또한 지난 수십 년 간의 균형 없는 승공 혹은 반공 교육을 평화통일 교육으로 전환하기 위해서도 긴요한 일이라고 할 수 있다.

먼저 김일성 전 주석의 공과에 대한 객관적 평가 작업이 이제 시작되어야 할 것이다. 지금까지 북한에서는 김 전 주석이 과대평가된 반면 남한에서는 일방적으로 폄하되어 왔다고 할 수 있다. 그의 죽음을 마주한 지금 평가의 균형을 위해서도 이를테면 '가짜 김일성론'에 더 이상 집착하지 말고 항일 독립운동의 객관적 사실 정도는 인정하는 데서 출발해야 할 것이다.

보다 핵심적인 문제로서 '김일성 전범론'이 있다. 6·25전쟁의 참상을 몸으로 직접 겪었거나 그 피해를 뼈저리게 가슴에 안고 살아가는 사람들의 입장에서는 '김일성' 곧 '6·25' 곧 '철천지 원수'로 등식화되어 '동족상잔의 원흉'이라는 인식을 지워 버릴 수 없고 또 그것이 자연스런 인간적 반응일 것이다. 하지만 이 문제와 관련해서도 우리는 그가 '동족 살상의 목적을 위하여 전쟁을 일으켰다기보다는 나름의 민족 통일 운동의 일환이라는 관점에서 이를 볼 필요도 있지 않겠느냐'는 어느 북한 문제

전문가의 발언을 참고할 수 있을 것이다. 아울러 전쟁의 참화에 대한 미국 등 외세의 책임도 동시에 물어야 할 것이다.

이제 북한에는 김정일 후계 체제가 들어서고 있다. 이에 대한 종래의 인신 공격성 매도를 넘어서서 북한의 현실적인 최고 책임자로서 또 우리의 현실적인 대화 상대자로서 유연한 대응을 보일 필요가 있을 것이다.

그러나 무엇보다도 민족 통일의 가능성이 과거 어느 때보다 더 현실적으로 가시화되어 가고 있고 남북의 화해·협력의 분위기가 고조되고 있는 이 시점에서 우리는 국가보안법의 개폐 문제를 진지하게 재검토해 보아야 한다. 이는 '반국가단체 수괴'와의 정상회담의 법적 근거를 위해서도, 또 정상회담을 계기로 남북 관계를 우리가 주도적이고 자주적인 방식으로 이끌어 가기 위해서도 꼭 필요한 일이라고 할 수 있다.

정권은 짧고 역사는 길다

김영삼 정권은 이른바 '문민정권'으로서 임기가 시작되자마자 과거 군부독재 정권과의 차별성 부각에 남다른 열정을 쏟았다. 그 결과 지난날의 숱한 부정과 비리를 과감히 척결하는가 하면 국민의 오랜 숙원이던 금융실명제를 실시하는 등 의욕적인 개혁 작업을 펼쳐 보임으로써 한때 국민들로부터 높은 지지와 기대를 한 몸에 받았다. 그러나 과거의 잘못된 역사를 바로 잡기 위해서는 필수적인 과정이라 할 '광주' 문제의 해결을 "훗날의 역사의 심판에 맡기자"는 말로 호도하더니 급기야는 "대통령직을 걸고서라도 막아내겠다"던 수입 개방에 관련된 약속을 헌신짝처럼 팽개침으로써 마침내 국민들로부터 등 돌림을 당하게 되고 정권 차원에서 심각한 위기 상황에 처하게 되었다.

크게 보아, 이러한 정권 위기를 나름대로 돌파하려는 시도가 지난여름의 그 무덥고 짜증나는 '신공안 정국'이었다고 할 수 있을 것이다. 북한의 김일성 주석 사망 이후의 '조문 파동'이라든가 '주사파 논란'이라든가 그에 이어진 '빨갱이 사냥'이라든가 통일을 외치는 사람들에게 헬리콥터에서 무차별적으로 최루액 뿌려 대기라든가 하는 일련의 광란적인 행태들로 얼룩진 신공안 정국의 본질은, 정권의 비민주성이나 반통일성에 반대하는 진보·민주 세력을 탄압함으로써 국내적으로 정권 안보를 도모하는 것이었다고 할 수밖에 없으며, 또한 그 연장선상에서 대외적으로 외교적 고립을 자초하고 남북 관계를 경색시켰을 뿐만 아니라 그렇게 함으로써 민족 공동체의 사활적인 이해관계에 얽힌 중요 결정권을 주변 강대국들에게 넘겨주는 꼴이 되고 만 것이다.

민족·민중의 이해에 역행하고 역사의 진전을 거스르는 이러한 흐름을 앞장서서 이끈 것은 바로 대통령 자신이라고 할 수밖에 없다. 김영삼 대통령은 기회 있을 때마다 "남북의 체제 경쟁은 이미 끝났다", "우리는 갑작스런 통일에 대비해야 한다"라는 말을 퍼뜨리거나 확인되지 않은 '김정일 타도 전단 평양 살포설' 등을 앞장서서 유포시키지 않았던가. 북한 체제의 갑작스런 붕괴나 흡수 통일을 전제하는 이러한 사고의 틀을 그대로 가지고서야 어떻게 조화로운 민족 공동체의 건설을 민족 공동체의 다른 한쪽 구성원과 더불어 이야기할 수 있을 것인가.

현행 헌법상 대통령의 임기는 5년이다. 얼마 남지 않았다면 않았다고 할 수 있을 기간 동안의 정권의 안위보다는 민족의 장구한 역사를 생각해야 할 것이다. 전임자들의 불행한 예들이 줄지어 서 있지 아니한가. 이승만·박정희 대통령의 비극적인 말로라든가 현재는 '문민정권'의 보호 아래 건재하고 있으나 머잖아 역사의 심판대에서 단죄할 수밖에 없는 전두환·노태우 전 대통령의 예상되는 미래상을 타산지석으로 삼을 수 있을 것이다. 이와 더불어, 우리는 비록 그러한 최고 지도자를 가져 볼 행복한 경험이 없으나, 칠레의 '영원한 대통령' 아옌데를 떠올려 볼 수도 있을 것이다. 외세와 자본과 군부의 '침탈'에 맞서 끝까지 민중 편에서 싸우다 죽어 간 '역사의 대통령'을.

김영삼 대통령은 3당 합당을 통한 정권 획득이라는 태생적 한계를 결연히 극복하고, 진보·개혁 세력과 손을 굳게 맞잡음으로써 민족 공동체의 이해를 위해 스스로를 바치는 진정 '큰 정치'를 이제 활짝 펼쳐 주기를 바란다. 그리하여 민족 통일의 견고한 초석을 다진 '대도무문'의 대통령으로 민족·민중의 가슴속에 길이 기억되기를 간절히 바란다. 그러기 위하여 우루과이라운드 재협상이라든가 국가보안법 폐지라든가 남북 정상회담의 주체적인 추진 등이 적극 검토되어야 할 것이다. 정권은 짧지만 역사는 영원한 것이다.

과거 청산과 민족정기 바로 세우기

해방 50년, 분단 50년을 맞아 질곡의 과거를 청산하고 새 출발하려는 움직임이 다양하게 일어나고 있다. 일제 때 황국신민화 정책의 일환으로 이름 붙여진 '국민학교'라는 명칭이 '초등학교'로 제자리를 잡아가는가 하면, 일제가 우리 겨레의 민족정기를 말살하기 위해 일본식으로 바꾸어 버린 지명들이 하나 둘 제 이름을 되찾기 시작했다.

이러한 흐름 속에서 대표적이고 상징적인 사건이 옛 조선총독부 건물 철거 작업이다. 내년 말까지 이어질 이 작업의 시초로서 정부는 8·15기념행사 때 총독부 건물 첨탑을 철거하였다. 철거에 앞서 문화체육부 장관은 정부를 대표하여 호국 영령들에게 고하는 글을 읽었다. "우리 민족의 언어와 역사를 말살하고 겨레의 생존까지 박탈했던 식민정책의 본산 조선총독부 건물을 철거하여 암울했던 과거를 청산하고 민족의 정기를 바로 세워 통일과 밝은 미래를 지향하는 정궁 복원 작업과 새 문화 거리 건설을 오늘부터 시작함을 엄숙히 고합니다."

엄숙하고 가슴 뿌듯한 일이 아닐 수 없다. 하지만 다시 한 번 생각해 보면 식민지 총독부 건물이 왜 해방 50년이 지난 오늘에 와서야 철거되기 시작했느냐 하는 탄식이 앞을 가린다. 외국인의 눈에는 혹 우리가 신생 독립국으로 비칠지도 모를 일이다.

근본 원인은 물론 일제 때 반민족 행위자나 친일파가 해방 후 처단되기는커녕 권좌에 오른 반면, 항일 독립투사들은 현실적인 힘을 잃고 거세되었기 때문이다. 그렇게 된 데에는 외세나 총칼의 힘만이 아니라 과거 청산에 대한 국민 일반의 불철저한 인식과 태도가 큰 몫을 한 것도 사실이다. 이러한 맥락에서 우리는 가령 시도 때도 없이 불거져 나오는 일본 관료들의 '망언'을 심정적으로 규탄하기에 앞서 그러한 '망언'을 가능케 해준 요인이 우리 자신에게 없었는지를 냉정히 반성해 볼 필요가 있고, 그러한 반성을 토대로 제도나 생활, 언어, 의식 곳곳에 스며들어 있는 '과거의 잔재'를 떨쳐 낼 필요가 있다.

그 상징적 방법의 하나가 총독부 건물을 철거한 자리에 봉건 왕조시대의 '정궁'을 복원할 것이 아니라 독립 공원을 조성하고 임시정부 기념관을 건립하는 일일 것이다. 어느 사학자의 지적처럼 그렇게 함으로써 '조선→일제시대→대한민국'의 왜곡된 계승 관계를 청산하고 '조선→독립운동기→대한민국'의 주체적이고 미래지향적인 계승 관계를 공간적으로 상징할 수 있기 때문이다.

그러나 잘못된 과거를 청산하고 민족정기를 바로 세워 '통일로 미래로' 나아가기 위해서는 또 하나의 상징이 필요하다. 상징이라기보다는 절박한 현실적 법적 실천의 문제라고 할 수 있다. 바로 5·18 광주 학살의 책임자들에 대한 단죄의 문제로서, 정부는 '성공하면 충신, 실패하면 역적' 식의 반인륜적 논리를 버리고, 또 반인륜적 범죄에 대해서는 공소시효를 두지 않는 '세계화' 적 추세에 발맞춰 5·18 관련 특별법을 조속히 제정해야만 한다. 역사의 심판을 '광주 학살 50돌' 로 또 미룰 수는 없는 일 아닌가.

세계화와 해외 연수

우리 모두는 '다사다난' 했던 한 해를 더불어 힘겹게 보냈다. 유례없는 무더위 속의 주사파 파동으로부터 지존파 사건, 성수대교 붕괴 사건, 충주호 유람선 화재 사건, 가스 폭발 사건, 그리고 전국적인 세금 도둑질 사건에 이르기까지 다시는 기억에 떠올리기조차 끔찍스러운 대형 사건이나 사고들로 얼룩진 지난 한 해였다.

"우째 이런 일이!"라는 말이 대통령의 입에서나 우리들의 입에서나 다시 나오게 되는 일이 없기를 희망하면서 우리는 이제 새로운 희망으로 새해를 맞는다.

새해의 국정 지표는 '세계화'이고, 얼마 전 출범한 새 내각은 '세계화 내각'이다. 그런데 대통령이 부르짖는 '세계화'의 실체가 너무나 모호하고 추상적이고 포괄적이라서 우리는 혼란에 빠지지 않을 수 없다. 좋게 보아 그것은 우리가 가진 모든 것을 세계 수준으로 끌어올리거나 우리가 세계를 선도하자거나 세계의 일류가 되자는 말일 수 있겠지만 현재의 우리 상황에서 그것이 얼마만큼 객관적 가능성을 지니는 것이며, 또 바람직한 것인가에 대해서 의문을 가지지 않을 수 없다. 역시 실체가 없는 것이다. 사정이 이러하다면 그것은 아무래도 국내용의 정치적 구호일 가능성이 높다.

과연 '세계화'의 구호가 등장한 시기는 예의 대형 사건·사고들로 하여 민심이 흉흉할 때였고, 개혁의 실종에 대한 국민적 불만이 높아졌을 때였으며, 그로 인하여 대통령과 정권에 대한 지지율이 급격히 떨어져 있을 때였다. 뿐만 아니라 재협상 없는 세계무역기구 협정 비준을 눈앞에 두고 있는 시점이었다. 이 비준에 대해서는 상당한 국민적 반대가 있어 왔다.

말하자면 국내정치 상황을 수세적 국면에서 공세적 국면으로 전환시키면서 나름의 명분도 일정하게 획득하려는 노력이 대통령의 '세계화 구상' 천명이라는 '세계화'가 기존의 '국제화'와 별반 다를 바 없다거나 그 강화된 형태라는 시각도 사안의 성격을 뒤집어 놓지는 못한다.

'국제화'로 표현되든 '세계화'로 표현되든 그것은 정권의 통치 이데올로기로서 가능하거나 할 것이기 때문에 나아가 우루과이라운드 협상과 세계무역기구 협정에 관련된 책임, 특히 그 미래적 불이익에 대한 책임을 국민에게 떠넘기려 한다는 의혹으로부터도 정권은 자유롭지 못하다.

어쨌든 '세계화'의 위력은 막강하다. 그 막강함 속에서 사회는 빠르게 '적응'해 나가고 있다. 교육 부문도 예외가 아니다. 세 살 박이 아이의 "영어 귀를 트이게 하려고" 그 아이의 손을 잡고 영어 회화 학원에 나타나는 어머니가 있는가 하면 어느 도교육청에서는 미국의 교포 2세들을 초빙하여 도내 초·중·고생들의 영어 회화를 지도하게 할 계획이라고 한다.

그런가 하면 어느 대학에서는 학과별로 한 학년 전체를 일정 기간 외국에 집단 유학시킬 계획이라고도 한다.

이러한 예들은 아직 현실화되지 않았거나 '선진적'인 경우이겠지만, 현실적으로 우리 피부에 와 닿는 하나의 사례가 있다.

방학을 이용한 혹은 휴학계 낸 후의 대학생 해외 연수 붐이다. 우리 대학의 경우도 크게 다르지 않다. 외국어를 배우고 외국 문물이나 문화를 이해한다는 것은 일단 권장할 만한 일이다. 그러나 자기 자신이나 자신이 소속된 공동체에 대한 객관적 판단 기준이 채 서기 이전에 외국어나 외국 문화에 자신을 무방비로 열어 놓는 경우라면 그것은 대체 무엇을 뜻하는 것일까?

더구나 그 외국어가 대개의 경우 영어, 아니 미어를 뜻하는 것이라면?

언어가 인간의 사고뿐만 아니라 정서나 감수성까지 나아가 인간 자체까지도 바꾸어 놓을 수 있다는 점을 생각할 때, 과연 누구를 위하고 무엇을 위한 '해외 연수'인지를 우리는 다시 한 번 생각해 볼 필요가 있을 것이다. 일제 강점기 조선의 말살 정책을 아프게 떠올리면서.

Seghewha와 Globalization 사이

　요즘 너나 할 것 없이 입에 올리는 말이 '세계화'이다. 이 '세계화'를 얼마 전 정부에서는 영문으로 'Seghewha'로 표기하기로 결정했다고 한다. 종전에는 'Globalization'으로 써왔으나 이는 '경제' 개념에 국한된 표현인 반면 정부가 추진하는 '세계화'는 좀더 포괄적인 개념이기 때문이라는 것이다. 하지만 외국인들을 위하여 "Total Globalization Policy'라는 표현을 부기하려다가, 우리가 앞장서서 시장을 전면 개방하겠다는 뜻으로 '이해' 받을까 봐 이 표현은 다시 거둬들였다고 한다.

　이 해프닝을 통해 정부는 자신이 추진하는 '세계화'의 본질을 본의 아니게 폭로한 셈이다. 말하자면 정부의 세계화 정책은 대외적으로는 전면적 시장 개방을 지향하는 'Total Globalization Policy'이고 대내적으로는 그 이상의 '무언가'를 뜻하는 'Seghewha'이며, 본질적으로는 경제 개념을 중심으로 하는 'Globalization'인 것이다.

　그것의 대외적 의미는 세계무역기구 사무총장에 진출하려는 정부의 안간힘으로 표출되기도 하였거니와, 대내적인 그 '무언가' 는 단적으로 말하며 개혁의 실종과 우루과이라운드 협상 타결에 대한 국민적 저항의 국면을 반전시키는 동시에 이 '무한 경쟁' 의 시대에서 살아남기 위해서는 온 국민이 정부를 중심으로 단결하여야만 한다는 통치 이데올로기로서의 성격이라고 할 수밖에 없다.

근대 이후 서구의 강대국들은 겉으로 비서구 지역에 '문명의 빛' 을 전한다는 허울을 내세우면서 실제로는 그 지역에 대한 제국주의적 침탈과 식민지화를 추진해 왔다. 20세기 들어, 특히 2차 대전 이후 대부분의 식민지들이 독립함으로써 겉보기에는 상호 협력이요 자유로운 교류인 듯 하면서도 실은 자본주의 시장경제의 논리를 이용한 제국주의적인 지배와 착취의 구조는 강고히 살아남는다. 이를 혁파하려는 반半지구적인 노력으로서의 사회주의권마저 몰락함으로써 자본주의적인 약육강식의 논리는 마침내 전全지구적 차원으로 확장된다. 'Globalization' 은 바로 이러한 지배와 착취 구조의 전지구화, 나아가 인간소외와 인간 황폐화의 전지구화를 일컫는 것 이상이 아니다.

'세계화' 가 내포하는 이러한 총체적 비인간화에 맞서 우리의 삶을 좀 더 인간다운 것으로 만들어 가기 위하여 우리는 국내외적으로 '풀뿌리 연대' 를 형성하지 않으면 안 된다. 자본과 권력의 국제화에 대항하는 풀뿌리들의 국제적 연대를 지향하는 한편, 국내적으로 당장은 제 이름에 값하는 '지방화' 를 이루어 내어야만 하고, 정권 쪽에서 그 의미를 축소하고 형식화 하려 드는 지방자치 선거를 올곧게 치러 냄으로써 '풀뿌리 민주주의' 를 정착시켜야만 한다.

아울러 우리는 무한 경쟁과 약육강식의 '세계화' 가 갖는 반反인간적 맥락에 대해 꾸준히 비판적으로 성찰하고 저항함으로써, 그리고 그것을 넘어선 세계에 대한 열망을 끝내 포기하지 않음으로써, 스스로를 구원하는 동시에 사회에 대한 대학인으로서의 최소한의 책무를 방기하지 말아야 한다. 이를테면 한 대학교수의 부친 살해 사건은 이러한 맥락에서, 무엇을 충격과 더불어 전해 주는가.

지방선거에서 성숙한 시민 의식을

　근본적으로 '세계화'와 '지방화'는 동전의 양면이라 할 수 있다. 또 진정한 세계화는 제대로 된 지방화에 기초를 두어야 할 것임은 두말할 나위가 없다.
　많은 사람들이 이야기하듯 '역사적'인 지방자치단체 선거가 이제 코앞에 다가왔다. 30여년 만에 처음 맞이하는 4대 지방선거의 역사적 의미를 우리는 어떻게 제대로 일구어 낼 수 있을 것인가.
　'지방화' 없는 지난 몇십 년 간 우리는 정치의 중앙 집중화와 지역 패권주의에 속박 당해 왔다. 그 속박 속에서 지방은 중앙 무대로 진출하기 위한 발판으로서의 의미밖에는 가지지 못하였다. 이를테면 어느 지역의 힘을 결집시켜 중앙 권력을 쟁취하면 그 지역은 융성하는 한편 다른 지역은 상대적으로 차별을 받고, 또 차별받은 지역은 이를 넘어서기 위하여 혼신의 힘을 기울여 중앙 권력에 도전하게 되었다. 그 결과 나라는 티케이, 피케이, 호남, 충청 등으로 갈가리 찢겨 버렸다.

이념이나 정책보다는 정치 지도자의 출신 지역에 의해서 구별되는 정당들이 정치를 독점하는 현실 속에서, 또 지역구를 바탕으로 한 정당들이 중앙 권력 쟁취에 사활을 걸고 있는 현실 속에서 우리는 이번 지방자치 선거를 맞이하고 있다. 이대로 간다면 어떻게 될 것인가. 중앙집권화와 지역 패권주의를 넘어서지 못한 채 '지방화'나 '지방자치'의 의미는 크게 퇴색해 버릴 것이고, 지역 주민의 권한과 책임 아래 운영되면서 중앙 정부와 대등한 자격으로 맞설 수 있는 지방정부 수립의 꿈은 허망하게 무산되어 버리고 말 것이다.

나아가 '지역 등권주의' 등의 미명하에 중앙 권력을 탐하는 세력들이 지역적으로 할거하면서 서로가 서로에게 '역사적 면죄부'를 발급하게 될 것이다. 그리하여 3공 독재 세력도 5·6공 군부 권위주의 세력도 역사적 심판에서 당당하게 비켜설 수 있게 될 것이다.

역사적 심판을 받을 필요가 있기로는 현 정권 또한 마찬가지라고 할 수 있다. 6공도 아니고 7공도 아닌 김영삼 정권의 이른바 '개혁'이라든가 대형 사건·사고 시리즈라든가 '광주'의 해결 방안이라든가 5·6공 청산 작업이라든가, 등등에 대하여 중간평가를 엄정하게 내릴 필요가 있는 것이다. 또 공표 시기를 계속 미루어 오다가 지방선거를 앞둔 시점에서 전략적으로 발표한 교육 개혁안은 어떠한가? 알맹이 없는 말의 성찬 속에서 그나마 알맹이가 있다면 무한 시장 경쟁 논리에 입각한 교육을 하자는 것인데, 그것이 과연 '교육'일 것인가, '장사'일 것인가.

이제 곧 방학이 다가온다. 각자 뜻하는 바를 좇아 골방으로, 도서관으로, 학원으로, 산으로, 바다로, 아니면 바다 너머로 떠날 것이다. 그러나 실없이 외쳐 대는 '세계화'보다 내실 있는 '지방화'를 앞당기기 위하여,

제2부 73

지역 할거주의나 지역 패권주의의 볼모에서 벗어나 말의 참된 의미에서의 '지방자치'를 이룩하기 위하여, 역사적인 한 표 행사는 잊지 말기로 하자. 후보의 출신 지역이나 소속 정당에 구애됨이 없이 그 '사람됨의 행간'을 읽어 내는 성숙한 시민 의식을 바로 '피케이 지역'에서부터 보여주기로 하자.

시장 논리와 교육 논리

　학교 앞 아파트 건설 문제가 뜨거운 쟁점이 되고 있다. 학교 당국, 교수, 학생, 직원이 오랜만에 4자 협력 체제를 구축하여 한 목소리로 아파트 건설 저지 운동을 벌임으로써 인제대 구성원 전체가 '운동권'이 되어 우신건설 측과 대립하고 있다.

　교육의 공익적·국가 백년대계적 의미를 내세우는 이 '운동권'과 자본주의적 사유 재산권의 행사를 내세우는 우신건설과의 대립은 한마디로 교육의 논리와 시장의 논리의 대립이라 할 수 있을 것이다.

　하지만 교육에 대한 진정한 관심보다는 '돈'과 '힘'과 '개인적으로 살아남기'에 대한 관심이 압도적인 것으로 보이는 이 세상에서 시장의 논리는 며칠 전에 본 것처럼 '운동권' 탄압이 자신의 본분처럼 되어 버린 공권력의 지원을 '힘 있게' 받고 있고, 그보다 또 얼마 전에 국민 모두가 충격적으로 확인한 삼풍백화점식 윤리의 지원도 '야만적으로' 받고 있다. 뿐만 아니라 근자에 들어서는 교육의 논리로 포장한 시장의 논리라 할 수 있는 '세계화 교육' 논리의 지원도 '확실히' 받고 있다.

사실 김영삼 정부가 추진하고 있는 교육개혁이라는 것은 겉으로 주장하는 바를 뚫고 그 핵심을 들여다보면, 교육재정에 대한 국가의 책임을 사적 부문에 떠넘긴다거나 대학 평가 인정제를 통하여 대학 간의 비교육적이고 비인간적인 숫자 놀음 경쟁을 유도한다거나 하는 것을 포함하여 전반적으로 '전인교육'의 포기와 야만적 무한 경쟁의 시장주의적·기능주의적 교육의 추구라고 할 수밖에 없는 것이다.

시장의 논리를 거부하고 교육의 논리로 가기 위해서는 어떻게 할 것인가. 좋은 교육 환경을 찾아 '맹모삼천' 하는 것이 바람직하지 않은 것이라면 우리 시대의 '맹자들과 그 어머니들'은 좀더 적극적으로 힘을 모아 당장은 '아파트 공사 중지 가처분 신청'에서 승소하는 일이 급선무이고, 장기적으로는 교육 환경 특별법 제정을 위해 노력해야 할 것이다. 아울러 제대로 된 대학 장기 발전 계획을 수립해야 할 것이다.

그러나 허울뿐인 교육의 논리를 넘어서 참된 교육의 논리를 세우기 위해서는 교육에 대한 근본적인 발상 전환이 요청된다고 하지 않을 수 없다. 이와 관련하여 미국의 한 환경학 교수의 발언을 우리는 의미심장하게 참고해 볼 수 있다. 오늘날 우리가 직면한 위기를 무엇보다도 '사고와 가치와 지각과 사상과 판단의 위기'로, 다시 말해 '마음의 위기' 혹은 '마음을 개선할 목적으로 존재하는 교육의 위기'로 진단하는 그는 현금 경제적 성공이나 경쟁, 성장 등의 논리를 중심으로 '수탈 경제 속에서의 단기적인 성공'을 위하여 젊은이들을 교육할 것이 아니라 '지속가능하고 건강한 공동체 속에서의 장기적인 성공'을 위한 교육, 단순히 '사실과 정보와 기술과 요령'을 전수하는 것 이상의 교육, 말하자면 '세계화'의 논리를

넘어선 '탈근대의 생태학적 교육'을 강력히 요구하고 있다.('녹색평론' 제23호)

'환경'이 우리 모두의 절박한 관심사가 되어 있는 시점에서 우신건설의 환경 파괴적 이기심과 더불어, 또 우리 자신의 내면에 잠복해 있을지 모를 시장주의적 이기심과 더불어 깊이 생각해 볼 문제가 아닐 수 없다.

대통령의 역사, 역사의 대통령

　최근에 나라가 돌아가는 모양을 보노라면 한심하고 암담하다 못해 이 나라의 국민됨에 대한 자조와 자괴감이 절로 이는 사람이 한둘이 아닐 것이다. 외국 언론으로부터는 '부패 공화국', '비리 공화국' 등으로 연일 조롱받고 있다. 어쩌다가 나라꼴이 이 모양이 되어 버렸는가. 국민 개개인의 잘못들이 모이고 쌓인 결과라는 식의 '하나마나 한' 이야기보다는 사회 지도층의 잘못을, 그리고 정치 지향성이나 정치 우위의 풍토가 강한 우리 사회에서는 정치 지도자들의 잘못을 먼저 이야기하는 것이 아무래도 사리에 더 맞는 일일 것이고, 또 권력이 대통령 한 사람에게 집중되어 있는 우리의 정치 구조 하에서는 책임의 소재 역시 대통령에게 집중되는 것이 자연스럽고 상식적인 일이라고 할 것이다. 이 점에서 대통령의 아들 문제는 아무래도 본질이나 '몸체'라기보다는 그 또한 일종의 '깃털'에 지나지 않는다고 할 수 있다.

　이 나라 대통령들의 역사를 돌이켜보면 한마디로 서글픈 심정을 가눌

길이 없다. 이승만 대통령으로부터 노태우 대통령에 이르기까지 혹자는 정의롭지 못한 방식으로 장기 집권을 꾀하다가 국민적 항쟁에 부딪쳐 쫓겨나고, 혹자는 쫓겨날 상황에서 쫓겨나기를 거부하다 수하의 손에 '총살' 당하고, 혹자는 총칼의 위협 앞에 임기를 못 채운 채 강제 퇴진 당하였다. 쫓겨나기가 총살당하기나 강제 퇴진 당하지 않고 임기를 다 채운 혹자는 지금 감옥살이를 하고 있다. 암울한 대통령의 역사가 아닐 수 없다.

김영삼 대통령은 4년 전 최초의 직선 문민 대통령이 됨으로써 이와 같은 어두운 역사에 종지부를 찍을 희망을 국민에게 안겨 주었고, 또 스스로는 이 나라 최초의 '역사의 대통령'이 될 소중한 기회를 부여받았다. 임기 초의 개혁은 실제로 상당한 가능성을 보여주기도 하였다. 하지만 쌀 개방에 관련된 약속 파기를 필두로 과거의 어두운 역사의 기억을 국민들에게 하나둘 떠올리게 하다가, 지난겨울에서 올 봄에 이르는 최근의 국정 운영 방식으로 국민적 신뢰를 거의 완벽히 상실한 채 표류, 방황하고 있다. 노동법과 안기부법의 날치기, 한보 비리, 김현철 문제 등을 거친 지금 국민의 '깨어진 믿음'은 돌이킬 수 없는 상황이 되어 버렸고, '역사의 대통령'으로 남기 위한 마지막 노력을 기울이기에도 이젠 '확실히' 늦어 버렸다. 대통령 스스로 자초한 일이지만, 나라를 위해서나 대통령 개인을 위해서나 참으로 안타까운 일이 아닐 수 없다.

최근의 '이회창 카드'만 하더라도 위기를 얼마간 무마할 수 있을지는 몰라도 근본적 탈출을 이끌어 주지는 못할 것이고 보면 또다시, 그야말로, 걱정되는 것은 '황장엽 카드'일지 모른다. 만일 이 카드로 '마녀사냥'에 나서는 최후의 무리수를 두게 된다면 김 대통령 역시 전직 대통령들처럼 임기를 못 채우거나 채운 후 감옥에 가거나 둘 중 하나의 길을 걷게 될

지 모른다는 서글픈 전망에 암담해 하는 사람들이 한둘이 아니다. 이 나라에 '역사의 대통령'은 언제쯤?

6월 항쟁 10주년, 다시 손에 손잡고

한국 현대사에 있어서 1960년 4월에 이어 1987년 6월, 국민들은 또 한 번 '하늘'을 보았다. 가깝게는 박종철, 이한열 씨의 죽음과 전두환 군사정권의 대통령 간선제 호헌 선언에서 촉발되었으나 좀더 멀게 보면 4·19 이후 우리 사회 민주화운동의 힘이 서서히 결집되어 결정적으로 분출시킨 범국민적 저항운동이었던 6월 항쟁을 통하여 우리는, 5·16 이후 30여 년에 걸친 군사독재를 결정적으로 패퇴시킬 계기를 스스로의 힘으로 마련하였고, 그리하여 '민주'의 하늘을 다시 한 번 감격에 겨워 쳐다볼 수 있었다. 그때 서울역에서, 서면에서, 금남로에서, 그리고 전국 곳곳의 길거리에서 학생과 시민들이 '손에 손잡고' 외친 '호헌철폐', '독재 타도'의 함성은 그대로 축제의 함성이었고, 최루탄 연기로 자욱한 방방곡곡의 길거리는 문자 그대로 꿈과 희망의 대동 굿판이었다.

10년이 지난 지금, 우리는 아직도 '하늘'을 보고 있는가? 그보다는 오히려 환멸과 냉소와 실의에 젖어 전망 없는 하루하루를 살아가고 있는 것은 아닌가? 낡은 시대와 낡은 권위는 사라졌으되 새로운 시대와 새로운 권위는 아직 우리에게 오지 않고 있다. 한마디로 우리는 지금 총체적인 민족사적 위기에 처해 있다고 할 수 있는 것이다.

사정이 이렇게 되어 버린 것은 무엇보다 6월 항쟁 이후 10년 간의 우리 역사가 분열과 파행으로 점철되었기 때문이라고 할 수 있다. 범국민적 항쟁을 통해 군사독재를 일정하게 패퇴시킨 후 1987년 대선에서의 김영삼·김대중 분열, 그리고 김영삼의 1990년 3당 합당과 그를 통한 1992년 대선 당선 등을 거치면서 심화된 민주 세력의 분열과 지역주의, 그리고 민주 세력과 수구 세력의 '추악한 결혼' 등은 이후 지자체 선거, 총선 등을 통해 더욱 노골화되어 1997년 대선을 앞둔 지금 김대중·김종필 연합이 거론될 지경에까지 이르렀다.

하지만 6월 민주 항쟁의 적극적인 성과는 성과대로 우리에게 남아 있다. '민주화'가 거스를 수 없는 대세로 자리 잡으면서 사회 전반에 걸친 일정한 민주적 진전이 이루어졌고, 무엇보다 시민·사회운동 세력의 성장이 각 부분에 걸쳐 광범위하게 이루어졌다. 이는 이를테면 경실련이나 참여연대 등의 활동만 보더라도 분명해진다. 그러나 우리의 환멸과 냉소를 잠재워 줄 가장 믿음직한 힘은 아무래도 국민적 민주 의식의 성장 혹은 국민적 민주 역량의 성숙에서 찾아야 할 것이다. 이는 가령 노동법·안기부법 날치기 통과에서 촉발된 올해 벽두의 총파업 투쟁의 규모나 열기에서 극적으로 확인된 바 있다. 일정 수준에 못 미치는 민주주의나 일정 수준을 넘어서는 권위주의를 이제 국민은 좌시하지 않는 것이다.

이러한 국민적 민주 역량의 성숙을 바탕으로 이제 좌절과 환멸을 딛고 민족사적 위기를 슬기롭게 헤쳐 나가야 할 때이다. 모든 분열과 분리와 분단을 넘어 통합과 통일을 지향해야 할 때이다. 민주 세력의 분열이나 지역주의적 분열에 연관된 온갖 노선 차이나 갖은 이기주의를 넘어 다시 '손에 손잡고' 사람이 사람답게 사는 '해방의 하늘'을 향하여 겸허한, 그러나 힘찬 발걸음을 한 발 한 발 내디딜 때이다.

대선 길목에서: 전통과 현실에 끼인 부산

5년 전의 대통령 선거 때 부산·경남 사람들은 정치적으로 비교적 '행복한 시절'에 살고 있었다. 군부독재를 물러나게 하고 사회의 민주화를 이룩하려는 노력에 있어서 이 지역 주민들은 누구 못지않은 헌신성과 주도성을 발휘하는 자랑스러운 전통을 쌓아 왔고, 특히 1779년의 부마항쟁과 1987년의 6월 항쟁을 거치면서 '민주 성지'의 주인이라는 자부심과 긍지는 한껏 높아졌다. 이러한 상황에서 맞이한 대통령 선거에서 '군부독재 종식'과 '문민정부 수립'을 호소하는 지역 출신 후보를 지지하는 것은 이러한 자부심이나 민주화에 대한 열망과 대체로 '행복한 관계'를 유지할 수 있었다.

이제 또 한 번의 선거를 코앞에 두고 지역 유권자들의 마음은 그리 행복하지만은 않다. 동일한 지역 출신 후보가 그동안 변했기 때문이고, 그 후보에 대한 지지가 이제는 더 이상 민주화에 대한 바람으로 유보 없이 연결되지 않기 때문이다. 그럼에도 유세장이나 이런저런 모임에서 드러나는 전반적인 분위기는 크게 달라지지 않은 것처럼 보인다. 비록 5년 전에 비해 많이 차분해지긴 했으나 지역 출신 후보에 대한 지지 정서는 명시적으로든 암묵적으로든 광범위하게 표출되고 있다.

기이하다면 기이하다고도 할 수 있을 이러한 현상의 밑바탕에는 지역 발전에 대한 '인간적으로 자연스런' 기대가 깔려 있을지 모른다. 부산은 명색이 '제2도시'인데도 그에 걸맞은 발전을 이룩하기는커녕 지역사회 모든 부문에 걸쳐 낙후성을 면하지 못하고 있고 특히 최근에는 신발 업체들의 도산을 비롯해 지역 경제의 침체상이 심각한 위기 상황에 이르렀다. 나아가 전국 최고 수준을 자랑하는 교통난 등에 부대끼는 시민들의 일상적인 불편함은 이만저만한 것이 아니다.

'대구·경북 정권'에 대한 심리적 반응 또한 이러한 정서와 맞물려 있는지 모른다. 근거가 있는 것이건 없는 것이건 이 지역 주민의 상당수는 그동안 대구·경북 지역에 대해 상대적인 소외감이나 열패감을 강하게 느껴 온 것이 사실이고, 이는 이제 호남 지역과는 다른 차원에서 지역 출신의 대통령을 열망하게 만드는 것인지도 모른다. 같은 영남권이면서도 그간 부당하게 차별받아 왔다는 의식이 일상생활 속에서 피부로 느끼는 갖가지 어려움이나 피곤함들, 또 그 속에서 쌓이고 억눌린 '민중적 한'마저 지역 출신 대통령을 통해 해결해 보려는 소박한 생각을 낳게 할 수 있을 것이다. 물론 이러한 생각은 지역 출신 후보나 그 후보가 소속한 정당의 지속적인 부추김과도 무관하지 않다.

그러나 이것이 전부는 아니다. 대세가 이미 오래 전에 판가름 나 있다는 이 지역에서도 차분한 이성의 목소리가 힘을 얻어 가고 있다. "우리가 남이가. 그래도 아무개"라는 식의 다분히 감정적인 지역이기주의나 지역 패권주의에 대한 자성과 더불어 "이대로는 살 수 없다. 이번에는 바꿔 보자"는 정권 교체의 요구가 조용히 설득력을 더해 가고 있다. 여기에는 몇 가지 근거가 깔려 있는 것으로 보인다.

먼저 3당 합당에 대한 평가다. 본인은 '구국의 결단'이라고 주장하지만 30년 야당 생활을 통해 지역민과 더불어 민주화 투쟁에 전념해 온 지도자가 하루아침에 그 투쟁의 대상과 손잡아 버린 사실을 과연 지역민은 어떻게 받아들일 수 있을 것인가. 물론 그 지도자를 이해하고 그렇게 이해하는 자신을 또다시 이해하는 방법이 가능하겠으나, 그것은 그 지도자의 '대통령병'을 이해하고 자신의 '아무개병'을 또다시 이해하는 것 이외의 것일 수 없다는 인식 또한 만만찮은 추세이다.

다음으로 3당 합당 이후의 그 지도자의 행적에 대한 평가의 문제다. 민자당의 대표 최고위원으로서 또 총재로서 지금까지 여러 계기를 통해 그 지도자가 보여준 언행이나 정치적 행보, 그리고 최근 선거전에서의 모습 등은 역대 정권의 지도자들과의 차별성에 비해 유권자들로 하여금 의구심을 갖도록 하기에 충분한 것이다.

30년 '대구·경북 군부독재 정권'과의 차별성이 있다면 오직 지역 연고가 다르다는 것 그리고 군인 출신이 아니라는 것뿐 아니냐는 냉정한 인식이 유권자들의 의식 속에서 조용히 고개를 쳐들고 있다. 이것은 나아가서 그 지도자가 집권하더라도 달라질 게 없지 않겠는가라는 인식으로 이어져. 지역 유권자들로 하여금 그에 대한 조건 없는 지지를 망설이거나 거부하게 하고, 그를 통해 지역 발전을 기대하는 심리 자체가 실상은 '나무에 가서 물고기를 구하는' 격이 아니겠는가라는 회의적 전망을 낳게 하고 있다. 여기에 그 후보와 그 후보가 소속한 정당이 선거전 과정에서 보여주는 여러 가지 부정적인 모습들, 이를테면 상대 당 후보에 대한 흑색선전이라든가, 대학생 일당 동원이라든가, 지역감정을 부추기는 발언이라든가, 텔레비전 토론 기피라든가…… 등등이 맞물려 '이대로는 안 되겠다'는 생각이 확산되고 있는 것이다.

물론 이와 같은 변화에 대한 갈망이 곧바로 다른 후보에 대한 지지로 연결될지, 또 연결된다면 어느 정도일지는 아직 알 수 없다. 당선 가능성이 있는 다른 두 후보 중 한 후보는 역대 정권의 흑색선전으로 인해 자신에게 덧씌워진 부정적 이미지와 지역민의 뿌리 깊은 심정적 거부감이라는 벽을 마주하고 있고, 또 한 후보는 대통령이 되면 '기업 경영'하듯이 국가를 좌지우지할 것이라는 우려와 함께 그에게 표를 던질 경우 제3자가 당선될 것이라는 지역감정에 기반을 둔 논리에 부닥쳐 있다.

그러나 분명 변화의 조짐은 조용히 일고 있고 지역감정도 엷어져 가고 있다. 이번 선거에서 이 지역 유권자들이 지역 출신 후보의 '구국의 결단'과 변신을 어느 수준으로 공식 추인할 것인지, 또 그 결단과 변모를 '변절'이나 '배반'으로 규정하면서 어느 정도로 표를 통한 '응징'을 행할 것인지, 부산·경남 사람들은 지금 5년 전에 비해 무척 '불행한 시절'을 살고 있는 셈이 된 것이다.

'식민지 모국어'와 '세계어' 사이

　학생들 사이에서 널리 쓰이는 말로 '욕 좀 쓰지 맙시다'라는 표현이 있다. 학생들끼리 이야기를 나누다가 한 학생이 무심결에, 혹은 의도적으로 영어를 섞어 사용하였을 경우 옆의 학생이 그 학생에게 핀잔을 주면서 하는 말이다. 이 말에는 물론 장난기가 다분히 섞여 있지만, 그래도 우리는 이 말 속의 '욕'이라는 표현에서 영어에 대한 학생들의 태도의 일단을 읽어볼 수 있다.
　'욕', 왜 '욕'인가? 먼저 학생들이 영어를 일차적으로 미국어로, 아니 미 제국주의의 언어로 보고 있다는 것을 생각해 볼 수 있다. 오늘의 남한 학생들에게 다가오는 영어는 무엇보다도 '미어'로서 인데, 그 미어는 '아름다운 말美語'로서가 아니라 미 제국주의의 '더러운 말'로서 먼저 학생들의 의식에 떠오른다. '식민지'의 모순되고 억압적이고 비인간적이고 고통에 가득 찬 현실을 가슴 아파하면서, 그러한 현실을 그렇지 않은 현실로 바꾸어 가고자 하는 학생들에게 있어서, 그러한 현실을 있게 하는

'원흉'으로서의 미 제국주의의 언어는 따라서 추악한 언어, '돼먹지 못한 말', '말 같지 않은 말[末語, 尾語]', 다시 말해 '욕'인 것이다.

나는 그 '욕'을 가르치는 사람이다. 나의 정체성은 여러 가지 측면에서 찾아질 수 있고 규정될 수 있겠지만, 학교 내에서의 나의 일차적인 존재 이유는 현실적으로 '식민지 모국어' 선생이라는 데서 찾아질 것이다. 이 땅의 다른 사람들과 마찬가지로 한 사람의 '식민지인'으로서, 제국주의의 문화적 침략의 가장 확실한 도구라 할 수 있을 '식민지 모국어'를 전파·확산시키는 데 이바지하고 있는 나는 따라서 우리 사회에 대한 제국주의적 침탈의 '앞잡이' 혹은 '하수인'이라 규정될 수 있을 것이다. 그 '하수인'이라는 데서 오는 '자괴감'·'자기 비하 의식'으로부터 벗어나기 위한 안간힘으로서 그러나 몇 가지 '변명'을 늘어놓을 수는 있다.

먼저 '적을 알아야 적을 칠 수 있다'는 논리를 갖다 댈 수 있다. 미 제국주의를 치기 위해서는 미국을 알아야 하고 미국을 알기 위해서는 그 언어를 알아야 한다는 논리 말이다. 이럴 때 나는 미 제국주의의 '주구'가 아니라 거꾸로 미 제국주의의 근원적 패망을 가져오기 위한 문화적 '민족해방 투사'가 될 수 있다(북한 등 사회주의권에서도 영어는 무척 강조되고 있다).

다음으로 영어는 미 제국주의의 문화적 침략 도구일 뿐만 아니라 지구상에서 가장 널리, 가장 보편적으로 사용되고 있는 '세계어'로서의 실체를 현실적으로 갖고 있다는 점을 들 수 있다. 영어를 모르고서는 '바깥출입'조차 변변히 할 수 없는 것이 오늘의 현실 아닌가. 현실적 차원에서 이야기하자면 이보다 훨씬 피부에 와 닿는 한 가지 사정이 있다. 해외여행이고 말고 할 것 없이 영어는 우선 밥 벌어 먹고 살기 위해서, 다시 말해

'취직'하기 위해서, 반드시 잘해 두어야만 하는 것이다.

이러한 실제적 필요 말고도 영어를 알아야 할 이유는 또 있다. 말 그대로의 순수한 의미에서 다른 문화 이해의 방편이 될 수 있는 것이다. 영어를 통해 영어 문화권을 이해하고, 그렇게 함으로써 우리 문화에 대한, 우리 자신에 대한, 좀더 깊이 있고 객관적인 이해가 가능해질 수 있는 것이다. 이러한 이해의 기반 위에서 우리는 우리의 보다 나은 삶을 향하여 앞으로 나아갈 수 있다(영어를, 그리고 영문학을 공부하고 가르치는 사람으로서 나는 사실 이러한 측면에 가장 많은 관심을 가져왔다).

이제 '방학'이 되었다. 그러나 나는 이러한 영어를 가르치는 일에서 놓여날 수 없다. '하계 영어 특강'이 저 앞에서 이죽거리며 나를 기다리고 있는 것이다. 그 특강에서 만나게 될 학생들은 어떤 모습을 하고 있을까? 그 학생들의 머릿속에서 영어는 어떤 모습을 하고 있을까? 마음이 어지럽다.

지령 100호에 부쳐
— '함께 만들고 함께 보는 신문'으로 거듭나자

　오늘로서 인제대 신문이 지령 100호를 맞는다. '길다'면 길고 '짧다'면 짧다고 할 수 있을 지난 10여 년 동안 내외적으로 여러 가지 어려운 여건 속에서도 인제대 신문 제작 관계자들은 자신에게 주어진 역할과 임무를 성실히 수행하고자 나름대로 애써 왔다. 하지만 그러한 노력이 어느 정도의 성과를 거두었는지, 또 그러한 노력을 통해 인제대 신문이 대학 언론으로서의 자신의 위상을 제대로 정립하였는지, 우리로서는 섣불리 판단할 수 없다. 오직 겸허한 마음으로 독자 여러분의 엄정한 평가를 바랄 뿐이다. 100호 기념 특집판을 두툼하게 꾸미면서, 그리고 인제대 신문의 한 고비를 넘으면서, 우리는 다시 시작하는 마음으로, 또 다시 태어나는 마음으로, 독자 여러분 앞에 서고자 한다.
　아니, '우리'와 '독자 여러분'의 구분은 벌써 잘못된 것이다. '우리'는 곧 '독자 여러분'이고 '독자 여러분'은 곧 '우리'이기 때문이며, 또 마땅히 그러해야 하기 때문이다. 인제대 신문의 독자를 인제대 학생, 교수, 직원, 타대학생, 그리고 일반 시민이라고 할 때, 그리고 그 일차적이고 기본적인 독자를 인제대 학생이라고 할 때, 인제대 신문의 '우리'는 따라서 누구보다도 먼저 인제대 학생 자신일 수밖에 없다.

대학 신문의 주체가 대학생 자신이어야 한다는 명제는 그러나 처음부터 그냥 주어진 것이 아니다. 대학 신문 40여 년의 역사를 통해, 그리고 주로는 신문 제작 종사자들의 주체적인 노력을 통해, 조금씩 일구어 온 명제요, 아직까지는 많은 부분 당위의 수준에 머물고 있는 명제라고 할 수 있다.

돌이켜보면 그동안 대학 신문은 학내외적 여건의 변화에 따라 많은 성격의 변화를 겪어 왔다. 초창기에서 1950·60년대에 이르기까지는 주로 소박한 학교 홍보지·학술지의 성격을 강하게 내보였고 1970년대 유신 시절에는 암울한 시대 상황의 영향으로 사회적 관심이 거세당한 채 '아카데믹한' 학술지로서의 성격만을 강요당하였다. 그러다가 1980년 광주민중항쟁을 기점으로 민중의 역사적 각성과 사회적 진출이 전면화하면서 대학 신문도 이러한 역사적 진행에 부응하여 아카데미즘 일변도에서 탈피, 민중적·민족적 관점에서 우리 사회의 나아갈 길에 대한 적극적 관심을 표명하였다. 특히 1987년 6월 항쟁 이후에는 이러한 사회적 관심이 지배적인 것으로 자리 잡으면서 일각에서 '편향'되었다거나 '경직'되었다거나 '운동권의 기관지'라거나 하는 등의 비판을 받기도 하였고, 또 실제로 '읽히지 않는' 신문을 만드는 데 스스로 이바지하기도 하였다. 이러한 점들에 대한 자기반성을 토대로 1990년대에 들어서는 대학 신문 종사자들이 '읽히는 신문', '대중성 있는 신문'을 만들기 위해 매체 혁신의 노력을 꾸준히 기울여 오고 있다.

1960년대 '전국 대학 신문기자 협회', 1970년대 '전국 대학 언론인 협회', 그리고 1980년대 '자유 실천 대학 신문기자 연합회'를 거쳐 오늘의 '전국 대학 신문기자 연합회'에 이르기까지 전국 각 대학의 학보사 기자들의 연합 조직을 통하여 그 성과를 일정 부분 보장받은 이러한 주체적 노력들은 이제 '독자 여러분' 개개인의 것이 되어야 한다. '독자 여러분'이 진정한 '우리'로 설 때에만 인제대 신문은 '읽히는 신문'으로 거듭날 수 있기 때문이다.

　'독자 여러분'은 물론 불만이 많을 것이다. 신문이 지나치게 이념적 색채를 띠고 있다거나, 정치 지향성이 강하다거나, 외부 필자가 많다거나, 쉽게 접할 수 있는 부드러운 기사가 적다거나, 일반 학생의 글이 모자란다거나, 신문 제작이 세련되지 못했다거나……. 이런 등등의 이유로 하여 '독자' 여러분은 신문을 읽지 않을 것이고, 읽지도 않고 방석 대용·모자 대용·보자기 대용 등으로 사용할 것이고, 심지어는 아무짝에도 쓸모없는 쓰레기로 치부해 버릴 것이다.

　그러나 '우리'는 '독자 여러분'에게 거꾸로 질문을 던지고자 한다. 바로 여러분의 비주체성, 비자발성, 비참여가 인제대 신문을 그렇게 만드는 것은 아닌가? '참여 속의 개혁'이라는 말의 본래적 의미가 참으로 절실하게 가슴을 때린다. 대학생 스스로가 대학 신문의 주인이 되어야 한다는 명제는 이제 당위가 아니라 현실이 되어야 한다. 그리하여 인제대 신문은 인제대 학생들에게 '읽히는 신문'일 뿐 아니라 '읽는 신문', '함께 만드는 신문'이 되어야 한다.

　'여러분'의 주체적 참여 속에 '우리'는 앞으로 다음과 같이 해 나갈 것을 이 자리에서 다짐한다. 무엇보다 매체 혁신의 노력을 거듭하여 대중성을 확보해 나갈 것이다. 그렇게 하기 위해서 인제인의 일상적인 생활상의 요구들을 광범하고 다양하게 수렴하고 반영할 것이다. 또 문예 관계 지면의 확충 등을 통하여 일반 학생들의 참여의 폭을 계속 넓혀 갈 것이다. 학내에 적절한 필자만 있다면 연재소설이나 릴레이 소설의 게재도 한 방법이 될 수 있을 것이다. 아울러 학내의 제반 문제점들에 대한 정확하고 심층적인 접근을 지속적으로 시도할 것이다.

우리는 또한 대중성 확보와 더불어 대학 언론에 주어진 기본적인 사회적 역할도 소홀히 하지 않을 것이다. 현실 사회주의권의 붕괴와 더불어 몰아닥친 이념의 혼란을 뚫고 우리 사회가 나아가야 할 올바른 방향을 진지하게 모색하는 데 힘을 쏟을 것이고, 외세와 독재와 독점자본의 이해에 봉사하는 제도 언론의 횡포에 맞서 민족과 민중의 자주적인 삶, 민주적인 삶, 그리고 조국의 자주적이고 민중적인 통일을 불러오기 위하여 있는 힘을 다할 것이다. 우리는 언제나 '정론 직필'의 정신으로 인제인의, 그리고 이 땅 민중의 '눈'과 '귀'와 '입'의 역할을 충실히 수행해 내고자 노력할 것이다.

변변치 못한 신문이나마 그 신문을 만들어 내기 위해서는 갖가지 내외적인 간섭과 제약에 맞서야만 한다는 사실, 그리고 그 신문 제작에 종사하는 사람의 숫자가 현실적으로 많지 못하다는 조건까지 다시 한 번 헤아리면서 인제 학우 여러분들이 100호 이후의 신문 제작에 창조적으로 참여해 주시기를 거듭 부탁드린다. 아울러 교수님들의 배전의 지도 편달과 격려, 그리고 주체적 참여를 부탁드리고, 학교 당국의 지원 역시 더욱 따뜻해지리라 예상된다. 그리하여 마침내 인제대 신문은 '함께 만들고 함께 보는' 신문이다.

졸업생을 떠나보내며

　십수 년의 학교생활과 '학생'이라는 신분이 가져다주는 여러 가지 특권의 울타리를 벗어나, 이제 거친 세상을 향해 첫발을 내딛는 졸업생들을 위하여, 잔잔한 말투로 삶의 지혜를 전해 주는 아름다운 시 한편을 인용하고자 한다. 사설로서는 이례적이랄 수 있겠지만, 우리는 떠나보내는 자의 아쉬움과 사랑과 축복의 마음을 이런 식으로 표현해 보고자 하는 것이다.

　　노랗게 물든 숲속에 둘로 갈라진 길,
　　이 한 몸 한꺼번에 두 길을 갈 수 없어
　　섭섭히 여기며 오랫동안 서 있었네.
　　눈이 미치는 데까지 한 쪽 길을 바라보았네,
　　길이 휘어 덤불로 사라지는 곳까지.

이윽고 다른 쪽을 걸으니 역시 아름다운 길,
풀이 무성하고 인적이 덜해
그쪽으로 마음이 더 끌린 걸까.
하기야 지나다닌 흔적으로 말하자면
두 길이 거진 같았었지.

그날 아침 두 길 모두 잎이 덮여 있었는데
아직은 아무도 걸은 자국 없었지.
어쩌랴, 첫째 길은 훗날 걸을 수밖에!
하지만 길이 길로 통하는 세상이니
그 길을 걷게 될 날 기약 없었네.

멀고먼 훗날 어딘가에서
한숨 지며 오늘 일을 말하고 있으리라.
숲속에서 두 길이 갈라졌는데
인적이 덜한 길을 택했었기에
오늘의 이 운명이 정해졌다고.

　삶은 선택의 연속으로 이루어지지만 이 시의 화자처럼 졸업생들은 지금 중요한 선택의 갈림길에 서 있다. 어쩌면 최초의 가장 중요한 선택일 수도 있을 그 결정을 이미 행한 사람도 있겠으나 그 결정이 아직은 '결정적'인 것이 아니라는 점에서, 오늘의 새 출발의 의미를 차분히 되새겨 볼 필요가 있을 것이다.
　앞에 여러 갈래의 길이 놓여 있다. 어느 길이나 앞서 간 사람들의 발자국이 만들어 놓은 것이지만, 오늘 아침 길들은 한결같이 잎으로 덮여 신선하다.

  어느 길을 택하건, '세계화' 니 '생존경쟁' 이니 '정글의 법칙' 이니 하는 말들이 난무하는 세상에서, 우리 인제인들의 앞길이 단순한 '생존' 의 차원을 넘어 빛나고 개성적인 '생명' 의 발현으로 이어지기를, 그리하여 세상의 신선한 숨결이 되어 주기를 바라는 마음 간절하다.

김민청에 바란다

　야성野性 곧 민주·민중 지향성을 뜻하는 오랜 세월 동안 김해 지역은 뿌리 깊은 야성의 전통을 뽐내어 왔습니다. 앞서간 지역 민중들의 그러한 자랑스러운 전통을 이어받아 이 시간에도 부지런히 싸우고, 부수고, 또 새롭게 건설하고 계실 김민청 회원 여러분께 마음 깊이 고마운 정을 드립니다. 김해 지역 민중의 한 사람으로서 제가 여러분께 고마움을 표하는 것은 일견 너무나 당연한 일이라고 할 수 있겠습니다만 꼭 그렇지만은 않은 면도 있습니다. 여러분이 바로 저이고 제가 바로 여러분이기도 하기 때문입니다. 우리는 역사 속에서 어떤 형태로든 항상 만나고 있습니다. 또 함께 현재를 밀어 나가고 있습니다. 함께 미래를 열어 나가고 있습니다.

　우리 사회 전반의 민주화와 김해 지역의 민주적·민중적 발전을 위해 김민청은 그동안 나름의 소중한 역할을 해온 것으로 알고 있습니다. 그러나 문제는 역시 지금부터입니다. 김민청에게는 많은 짐들이 주어져 있습니다. "세상은 넓고 할 일은 많다." 이런 식의 표현은, 전혀 존경스러울 수 없는 한 독점자본가가 퍼뜨린 것이라서 때가 묻어 있긴 합니다만, 그러나 그때에도 불구하고, 또 그때를 넘어서, 그 표현을 민중적으로 '접수' 혹은 '전유' 하여, "김해는 넓고 할 일은 김해평야의 곡식알보다 많다"는 생각을 해 볼 수도 있을 것입니다. 그 '김해평야의 곡식알보다 많은 일들'을 구체적인 수준에서 '물질적으로' 잘 밀어 나가 주시기를 기대하면서, 저의 짧은 바람을 소박하게 밝혀 볼까 합니다.

"지금까지의 각 단체별 개별적·분산적 대응에서 벗어나 애국 민중의 단결로 자주·민주·통일로 나아가기" 위해 얼마 전 김해 민주화운동 협의회가 결성되었습니다. 김민청이 말 그대로 김해 민주화운동 협의회의 구심으로 튼튼히 섬으로써 지역 운동 역량 강화에 큰 힘이 되어 주십시오. '추동' 이라는 말의 본래적 의미가 생각납니다. 김해 민주화운동 협의회의 힘 있는 추동을 위해 김민청 회원 여러분께서는 지금까지보다 더 '청년스럽게', 더 열정적으로 싸워 주십시오. 더 순진하게, 그러나 동시에 더 '교활하게' 변혁 운동의 한복판에 서 주십시오.

김해 민중의 현재적 삶을 텃밭으로 하여, 김해 민중의 나날의 생산과 투쟁의 현장에서, 김해 민중의 아픔과 서글픔과 고달픔과 한스러움과 또 거기에서 나오는 분노를, 한판 신명나는 살림판으로 만드는 데 소중한 기여가 되어 주십시오. 김해가 주체적이고 민중적인 '살림' 의 공동체가 되도록 창조적인 노력을 쏟아 부어 주십시오. 김해가 미국이나 서울뿐만 아니라 부산으로부터의 '제국주의적 지배' 로부터도 해방되어 독자적이고 '지역 민중적' 인 공동체로 발전할 수 있도록 큰 힘 쏟아 주십시오. '지역 민중의, 지역 민중에 의한, 지역 민중을 위한' 삶이 김해에 굳건히 뿌리박게 노력해 주십시오.

그렇게 하기 위해서 김해 지역의 젊고 패기 넘치는 청년들을 자꾸만 김민청의 틀 속으로 끌어당겨 주십시오. 특히 인제대 학생들이나 졸업생들에게 부드럽지만 끈질기고, 집요하면서도 넉넉한 노력을 계속 보내 주십시오.

하지만 사실은 '틀'이 중요한 것이 아닐지도 모르겠습니다. 김민청이나 김민협이라는 틀과는 무관하게, 김해 민중의 오늘의 삶 속에 뛰어들어 좀더 인간다운 내일의 삶을 함께 만들어 가기 위해, 폭넓은 대중성 확보에 노력해 주십시오. '민중'은 결국 '대중' 속에 존재할 수밖에 없다는 사실을 더욱 자주 상기해 주십시오. 대중의 생활적 요구에 근거하지 않은 운동의 결과가 어떠한지를 우리는 경험적으로 너무나 잘 알고 있습니다.

비생산적인 노선 싸움의 결과 또한 우리는 너무나 잘 알고 있습니다. 자신을 바로 세우고 상대방을 올곧게 세우기 위해 노선 싸움은 반드시 필요한 것이겠습니다만, 그것이 그 근본 취지나 정신에서 벗어나 소모전적인 것으로 뒷걸음쳐서는 안 될 것입니다. 안에서나 밖에서나 모든 것은 통일전선의 구축과 강화에 복속되어야 할 것입니다.

그리하여 김민청 회원 여러분께서는 언제나 넉넉함을 견지하여 주십시오. 치열한 넉넉함을. 혹은 넉넉한 치열함을. 치열하고 넉넉하게 김해 지역의 농민 분들과, 노동자 분들과, 교사 분들과, 학생 분들과, 그리고 저와 같은 '껍데기 지식인'들과도 굳건히 연대하여, 민중의 해방된 새 세상을 향하여 힘차게 싸워 나갑시다.

1991년 5월 9일 김해시 도민 대회 연설문

안녕하십니까.

최근, 경찰의 무자비한 폭력이 이 땅의 꽃다운 젊음들을, 잇달아 죽음으로 몰아넣고 있습니다.

명지대 강경대 군의 쇠파이프 구타에 의한 무참한 죽음으로부터, 전남대 박승희 양, 안동대 김영균 군, 경원대 천세용 군이 연이어 제 몸을 살라, 이미 유명을 달리 하였거나 현재 사경을 헤매고 있습니다. 또 한진중공업 노조위원장 박창수 씨는 교도소 내에서 강경대 군 살인에 항의하여 단식 농성 중 의문사를 당하였습니다. 또 어제는 전민련 사회부장 김기설 씨가 "조국의 아들"이 제대로 되기 위해, 온몸을 불살라 던졌습니다.

그런데 강경대 군의 폭력 살인뿐만 아니라 그 살인에 항의하는 학생들의 분신이나 분신 사망도, 분명 자살 기도나 자살이라기보다는, 경찰의 조직적 폭력이 강요한 구조적 타살이라 할 수밖에 없습니다. 박창수 위원장과 김기설 부장의 죽음 역시 같은 맥락에서 볼 수밖에 없습니다.

이와 같은 일련의 사태를 접하면서 저는, 충격과 더불어 깊은 슬픔과 치 떨리는 분노를 금할 길이 없었습니다. 그 충격과 슬픔과 분노가 저로 하여금, 유약하고 부끄럼 많으며 나서기 싫어하는 저로 하여금, 오늘 이 자리에 서게 하였습니다.

이러한 끔찍스런 구조적 타살은 물론, 어제 오늘의 일만은 아닙니다. 멀리 갈 것도 없이 박종철, 이한열, 이철규 군 등, 이 땅의 폭력적인 공권력에 의해 처참하게 희생된 젊음의 예들을 우리는 이미, 이루 헤아릴 수 없을 정도로 보아 왔습니다. 최근의 슬프고 아픈 예들은 이른바 '공권력'의 살인적 횡포의 집중적 표현이라고 할 수 있을 것입니다.

강경대 군의 살해 사건은, 그동안 '민주화'와 '통일'을 소리 높여 외쳐대던 6공 정권이 사실은 5공의 폭력 정권과 조금도 다를 바 없음을 입증한 사건입니다.

특히 지난해부터, 민중의 생존권 압살과 민주 세력의 탄압에 악용되어 온, 서슬 푸른 공안 통치가 빚어낸 필연적인 결과이기도 합니다. 또한 이는, 시초부터 국민의 지지를 받지 못하고 출발한 현 정권이 3당 야합, 부동산 투기, 수서 사건, 페놀 사건 등으로 하여 얼마 되지 않는 정당성마저 완전히 상실한 상태에서 폭력 정권으로서의 자신의 본질을 구태여 감추려고도 하지 않으려 했음을 단적으로 보여준 사건입니다. 아울러, 민생 치안을 위해 선포했다고 하는 '범죄와의 전쟁'의 실체가 무엇인지를 확연히 보여준 사건입니다.

이러한 현 정권의 근원적인 부도덕성을 알고 있는 저와 저의 동료 교수들의 입장에서 어찌 제자들의 정의로운 외침과 분노를 비이성적이며 반지성적이라고 나무랄 수만 있겠습니까?

민주주의와 "폭력 정권 타도"를 외치며 산화해 간 제자들의 행위를 어찌 철부지의 경박한 행동으로만 치부할 수 있겠습니까? 어찌 한낱 불건전한 "시위 문화"의 탓으로만 돌릴 수 있겠습니까? 또한 자기 한 몸을 민주의 제단에 바쳐 기성세대의 안일함에 질타를 가하고, 민주 세력의 떨쳐 일어남을 촉구한 학생들과 형제들의 뜻을 "소영웅주의"니 "죽음의 굿판"이니 하는 해괴한 말로 왜곡하는 현금의 시류에 어찌 노여움을 품지 않을 수 있겠습니까?

그들의 뒤에는 불순한 배후 조종 세력이 있다는, 그야말로 불순한 말들의 "굿판" 속에서, 어찌 무작정 연구실만 지키고 있을 수 있겠습니까? 어찌 그들을 두 번 죽일 수 있겠습니까?

저는 이미 고인이 된 학생들의 열망과 기상을 순수하게 받아들이고자 합니다. 이 땅의 민주화를 위해 한 목숨 던진 형제들의 뜻을 높이 기리고자 합니다. 그리하여 뼈아픈 각성의 계기로 삼고자 합니다. 그리하여 이 척박한 땅의 교수로서 최소한의 양심과 이성에 입각하여 다음과 같이 현 정권에 강력히 촉구하고자 합니다. 이는 저희 제자들이나 노동 형제들, 그리고 이 나라의 민주 투사들이 더 이상 비민주적인 정권에 희생되지 않기를 바라는 간절한 마음에서 우러난 결의이기도 합니다.

1. 공안 통치의 담당자들을 당장 사법 처리하라.
1. 민중을 탄압하고 민주주의를 압살하는 공안 통치를 즉각 중단하라.
1. 백골단을 해체하고, 경찰의 실질적인 독립을 보장하라.
1. 국가보안법 및 제반 반민주 악법을 폐지하라.
1. 이러한 제반 조치들을 즉각 취할 능력이 없는 정권이라면, 우리 학생들과 일반 주민의 더 이상의 유혈적 희생을 막고, 정권 자신이 더욱 비

참한 최후를 맞지 않기 위해서도, 현 정권은 스스로의 과오와 무능을 고백하고, 즉각 퇴진하라.

　아울러 야당에게도 촉구하고자 합니다. 야당은 당리당략을 떠나, 지금 국민의 뜻이 무엇인지 겸허하게, 그리고 정확하게 헤아려 주십시오. 그리하여 폭력 정권과의 타협을 중지하고, 폭력 정권을 반대하는 국민의 대열에 '진정으로' 동참해 주십시오. 그렇지 않으면 야당 역시 궁극적으로 국민들로부터 거부당하게 될 것입니다.

　마지막으로 한 말씀만 더 드리겠습니다. 나라의 민주화를 위해 헌신해 오고 계신 학생들과 형제 여러분들께서는 이제 더는 죽음으로써 싸우는 방법을 택하지 말아 주십시오. 슬프고 분통한 마음으로 간곡히 당부 드립니다. 저희들도 주어진 한계와 역량 속에서나마, 열심히 싸워 나갈 것입니다. 감사합니다.

제3부

P선생님께

여름의 뜨거움이 한풀 꺾였습니다. 시간의 모퉁이 저만치에선 가을의 서늘하고 싱그러운 바람이 수런대며 자신의 때를 준비하고 있습니다. 머잖아 그 바람을 타고 코스모스 꽃길이 우리들 앞에 펼쳐지겠지요. 그러면 저는 불현듯 그리움이 물밀어 짧아지는 가을 햇빛 속을 선생님과 손잡고 하염없이 걷고 싶어질 것 같습니다.

익어 가는 벼들과 몸 부비며 잠자리 가벼운 날갯짓을 뒤따르며 어느 강둑에라도 닿게 된다면 선생님과 저는 소주 한 병을 앞에 두고 마주 앉게 되겠지요. 앉아 박재삼의 시구라도 흥얼거리게 되겠지요.

'해와 달 그리고 별까지의 거리 말인가 / 그냥 그 / 아득하면 되리라' 아득하면 될 테지요. 선생님께서는 그러나 그 '아득함'을 존재론적 차원에서만 이해하실 수는 없을 것입니다. 선생님 나름의 '사회적'인 아득함이 그 시구에 투사되지 않을 수 없을 테니 말씀입니다.

몇 년 전 어느 허름한 소주 집에서 선생님을 처음 뵙던 날 저는 선생님으로부터 어린애 같다는 첫인상을 받았습니다. 삼십대 후반의 대학교수치고는 지나치게 '어려' 보였습니다. '아마 늙지 않는 정신이 힘이 얼굴에도 영향을 끼치는가 보다' 라고 생각했었습니다. 그런데 그 늙지 않는 정신으로 하여 선생님께서는 얼마 전 오래 몸담아 오시던 학교로부터 '추방' 당하셨습니다. 어린애마저도 겉늙은이로 만들어 버리는 사회에서 나이가 들어서도 늙지 않는다는 것은 분명 '불온한' 일이고 '위험한' 일이기 때문일 테지요. 워낙 큼직큼직한 사건들이 떼를 지어 신문 지면을 채우는 시절인지라 선생님의 '추방' 은 많은 사람들의 뇌리를 그냥 1회적으로 스치고 지나가 버릴지 모릅니다. 그러나 선생님의 추방이 우리 사회의 낡은 구조 그리고 그 구조와 많은 부분 상동 관계를 이루고 있는 학교의 구조에 관계된 것이라 할 때 선생님의 되돌아오심은 우리 사회 전체의 '회춘' 을 불러오는 힘이 되고 거꾸로 사회의 젊어짐은 선생님의 되돌아오심을 불러오지 않을 수 없을 것입니다. 부디 그 젊음의 힘으로 치열하면서도 넉넉한 낙관의 힘으로 우리 사회의 회춘을 앞당기는 데 큰 도움 주십시오. 저에게 늙지 않도록 계속 채찍질을 가해 주십시오. 우리는 존재론적 차원의 '아득함' 만으로 족합니다.

못 부르는 노래, 잘 부르는 노래

노래를 잘 부르는 사람들이 있다. 부산 지역에서는 '노래야 나오너라'와 '부산 민요 연구회' 같은 노래 모임을 예로 들어볼 수 있을 것이다. 이들이 노래를 잘 부른다고 했을 때 그것은 단순히 기량 면에서 이들이 보통 사람보다 뛰어나다는 것을 말하는 것은 아니다. 가창력 못지않게 이들의 노래를 떠받쳐 주고 있는 세계관적 기반을 높이 사고자 하는 마음의 표현인 것이다.

있어야 할 세계를 향한 열망의 힘, 그 세계를 꼭 이루고야 말겠다는 의지의 힘 등이 가령 '노래야 나오너라'의 입을 빌려 '임을 위한 행진곡'이나 '동지'와 같은 노래가 불려질 때 우리는 그 전투적 서정성의 치열한 감염력에 휘말려 들지 않을 수 없는 것이며, '민요 연구회'의 입을 거쳐 '해야 솟아라'라든가 '사랑가' 같은 노래가 우리의 몸으로 부딪쳐 올 때 우리는 그 민중적 정서의 끈끈하고 넉넉한 공격력 앞에서 어깨라도 덩실거리지 않을 수 없는 것이다.

노래를 못 부르는 사람들도 있다. 말장난 같이 들릴지 모르겠으나 단도직입적으로 말해 우리가 흔히 노래 잘 부르는 사람의 대명사 격으로 취급하곤 하는 이른바 '가수' 들이야말로 사실은 노래를 부를 줄 모르는 사람들이라 할 수 있다. 텔레비전이나 라디오 등 상업 매체를 통해 그들이 전파해 대는 실체 없는 공허한 사랑 타령이라든가 있지도 않은 미화·관념화된 현실의 찬미가 등은 있어야 할 사랑, 있어야 할 현실의 도래를 가로막는 암적인 존재일 수 있는 것이다.

뿐만 아니라 그러한 상업적 대중가요의 가수들이 그런대로 쓸 만한 가창력을 지니고 있다는 사실이 그들의 노래의 사회적 유해성을 더욱 심각한 것으로 만들어 준다.

이러한 맥락에서 나는 가창력이 그리 뛰어나지 못한 보통 사람들의 의미 있는 노래 부르기의 방식 하나를 제안하고 싶다. 그것은 있을 필요가 없는 노래, 있어서는 안 될 노래, 다시 말해 유해한 상업적 대중가요를 모방적으로 따라 부르는 대신 그것을 적극적으로 비틀고 망가뜨리는 방식이다.

주체적이고 창조적인 이러한 파괴 행위를 통해 보통 사람들의 '못 부르는' 노래는 가수들의 '잘 부르는' 노래보다 오히려 한 차원 높은 사회적 위상에 놓일 수 있을 것이다.

손에 손잡고

    인류 최초의 '손에 손잡고'는 눈물과 두려움과 가슴 설렘으로 뒤섞여 있었다. 금단의 나무 열매를 따먹은 대가로 낙원에서 추방당한 아담과 이브는 에덴의 동쪽에서 '손에 손잡고' 떨어지지 않는 발길을 한 걸음 한 걸음 미지의 세계로 옮겨 놓았다. 정든 낙원 쪽을 연신 뒤돌아보며 쏟아지는 눈물을 훔치면서, 둘은 서로에게 의지하여 손을 꼭 잡고 자기들 앞에 광활하게 펼쳐져 있는 새 세계 속으로 천천히 걸어 들어갔다. 새 세계는 미지의 것이었으므로 무서움을 주었고, 또 그렇기 때문에 기대로 가슴 설레게도 하였다. 무한한 슬픔의 가능성을, 또 기쁨의 가능성을 지닌 세계였다. 그 세계 속에서 이제 그들은 자신의 힘으로 자신의 삶을 꾸려 가야만 할 것이었다. 신의 섭리를 길잡이 삼아, 자기들끼리 손에 손잡고.

    이후 숱한 '손에 손잡고'가 있었다. 숱한 연인들이 있었고 부부들이 있었고 동지들이 있었다. 집단들이 있었고 세력들이 있었다. 민족들이 있었고 국가들이 있었다. 그들은 저마다 자신의 이해에 기초하여 '손에 손잡고' 이 일을 꾸미고 저 일을 도모하였다. 개인적·사적 탐욕에 기반을 둔 손잡기도 있었고, 집단의 공동의 대의를 위한 손잡기도 있었다. 죽임을 향한 손잡기가 있었는가 하면 '살림'의 손잡기도 있었다.

근자의 국내 사정으로 눈을 돌려보자. 이를테면 '88서울 올림픽' 식 손잡기도 있었고, 1989 국회 '5공 청산' 식 손잡기도 있었다. 그런가 하면 '1989 평양 축전' 식 손잡기도 있었고 '문규현—임수경' 식 '손에 손잡고' 도 있었다(우리 시대의 '아담과 이브' 인 이들은 금단의 장벽을 넘은 대가로 손에 손잡고 감옥 속으로 걸어 들어갔다). 그리하여 1990년대에 이른 지금 우리는 마침내 '1990 민자당' 식 '손에 손잡고' 를 눈앞의 현실로 체험하고 있다.

'1990 민자당' 식 '손에 손잡고' 의 정체는 무엇인가. 민자당이 만들어낼 세계는 아직도 미지의 것이므로, 그리고 민자당 당사자들이 표방한 바가 '민주·번영·통일' 이었으므로, 또 그 당사자들이 스스로를 '민족·민주 세력' 이라 칭하였으므로, 이 문제와 관련하여 우리는 아직도 신중하면 할수록 좋을지 모른다고 말해야 할 것인가.

우리는 애당초 알고 있었다. 민자당을 구성하는 정치 세력의 성격이 어떠한지를. 유신 후배 세력과 '유신 본당' 과 기회주의적 보수 정치인들의 야합적인 '손에 손잡기' 가 민자당 결성으로 나타났음을. 그 야합의 배경에는 민중의 광범위한 사회적·정치적 진출이 가져다 준 위기의식이 놓여 있음을. 역사의 진보적 흐름을 인위적으로 저지·지연시키려는 안간힘의 성격을 그 야합이 지니고 있음을.

그리고 우리는 이제 몸으로 경험하였다. 그 야합의 구체적인 '효과' 가 어떠한지를. 한편으로는 국회 내에서의 숫자를 등에 업고서, 또 한편으로는 가진 자의 돈과 제국주의자의 총칼을 등에 업고서, 3당 야합 세력이 어떻게 이 땅의 민중을 무자비하게 핍박하여 왔는지를. 공권력을 빙자한 폭력적인 사권력을 어떻게 잔혹하게 휘둘러 왔는지를. 민중의 피맺힌 생존권 요구를 어떤 식으로 '무식하게' 짓밟아 왔는지를.

이제 더 이상 때리지 말라. 더 이상의 때림은 결국 '민중 공권력'의 투입을 요청할 뿐이다. 민중이 가진 것이 비록 맨 몸뚱아리와 '짱돌'과 '꽃병' 뿐이라 할지라도, 온전한 정신에 뒷받침된 그것들은 폭력적인 사권력을 너끈히 눌러 버릴 힘을 이미 그 속에 키우고 있다. '손에 손잡고'만 있다면!

그리하여 이 땅의 민중은 이제 민주 대연합을 향하여, '반민자당'식 '손에 손잡고'를 향하여, 한 걸음 한 걸음 나아갈 수밖에 없다. 1987년 6월의 소중한 '손잡기'의 경험을 되새기면서, 아울러 그 해 12월의 쓰라린 '손 풀기'의 경험을 되씹으면서, 그리고 '뭉치면 살고 흩어지면 죽는다'는 불면의 진리를 거듭 새김질하면서.

왼손잡이 사나이

군대는 우리 시대의 젊음이 짊어진 '원죄'와도 같은 것인가. 곁에 있던 학생들이 하나, 둘 '신성한 국방의 의무'를 다하기 위해, 혹은 피곤한 현실에서 벗어나 '잠시 쉬기' 위하여, 아니면 학비 마련의 어려움이라는 좀 더 절박한 사정으로 해서, 그 막막하고 썰렁한 길을 떠나는 것을 지켜보면서 나 역시 막막한 심정에 사로잡힐 때가 있다.

이 시대의 군대는 분명 「동작 그만」이라는 TV극에서 보여주는 것만큼 인간적이거나 화기애애한 곳만은 아닐 것이다. 숱한 의문사의 본고장이 바로 군대이기도 하다. 나아가 군대는 '식민지 용병'의 수치스런 수용소라는 시각까지도 있다. '우리도 군에 가게 해줘요', '우리도 면도하게 해줘요'라는 식으로 여성 코미디언이 얼토당토 않는 주장을 우스꽝스럽게 하게 함으로써 군대의 본질이나 여성운동의 본래적 의미를 왜곡하고 희화화하고 무화시키는 경우도 보았지만, 아무튼 이등병에서 병장까지를 군에서 보낸 경험이 있는 나로서는 그 생활에서 끌어낼 수 있는 최대의 적극적 의미를 들어보라면 무엇보다 먼저 민중적 경험 혹은, 민중적 관점의 획득을 말하고 싶다. 단순한 현실 '추수주의자'에게는 물론 해당되지 않는 말이겠으나.

한 '고문관'이 있었다. 시대적으로나 개인사적으로나 황량하기 짝이 없던 10여 년 전, 나의 군 생활을 그런대로 견딜 만한 것으로 만들어 준 몇 가지 요인 가운데 하나가 바로 그 친구였는데 그는 고문관답게 상급자나 지휘관이 시키는 일에는 철저히 무능하였다. 그러나 하급자들에게는 달랐다. 하급자들의 어려움을 잘 헤아려 주었을 뿐 아니라 잘못이 있더라도 구타를 한다거나 기합을 주는 법이 없었다. 제대하는 날까지도 내무반 청소를 기어이 함께 하였으며 자기 식기는 끝내 자기가 씻었다. 한마디로 상급자의 횡포와는 인연을 끊은 사람이었다.

그런데 그에게는 괴곽스러운 구석이 있었다. 보초를 서다가 자기보다 계급이 낮은 병사가 지나가도 '충성!' 구호와 함께 '받들어 총'을 하는가 하면 회식 때 노래라도 시킬라치면 음정 자유, 박자 자유, 가사 자유의 노래를 불러 대곤 하였으며 거기에 병신춤을 곁들일 때도 있었다. 나로서 무엇보다 이해하기 어려운 것은 그가 힘들여 왼손으로 밥을 먹는다는 사실이었다(그는 왼손잡이가 아니었다).

전반적인 사회 분위기나 대학가의 흐름이 한결같이 뒷걸음질하고 있다. 사회와 대학의 민주화를 위해 대학 구성원들이 나름의 실천적 노력을 기울여야 할 때이다. 교수 입장에서는 무엇보다 정권이나 재단의 부당한 압력이나 간섭을 거부하고 학생들에게 학문적·인간적 권위를 가짐으로써 참다운 '교권'을 확립해야 할 때이다. 그리하여 단순한 직업인이나 '지식 전수자'로의 전락을 거부하고 올곧은 '스승'으로 자신을 세워 가야 할 것이다. 이와 같은 올곧은 스승으로 바로 서기 위해서는 어쩌면 그 옛날 그 '왼손잡이 사나이'의 강렬한 저항 정신이 필요할지도 모른다. 그가 그때 왼손으로 밥을 먹은 것은 오른손으로 밥 먹는 사회에 대한 그 나름의 치열한 거부를 보여주는 상징적 행위가 아니었을까? 그 방식의 투박함이나 소극성에도 불구하고, 점점 늙어 가는 느낌이 드는 이즈음의 나에게는 그의 '왼손으로 밥 먹기' 정신이 더욱 소중한 것으로 여겨진다.

오월, 찬란한 인간의 봄은 어디에?

 오월이 되면 '계절의 여왕'이 사뿐히 안고 오는 아름다운 시 한 편이 있다. 봄날의 '찬란한 슬픔'과 기다림을 노래하는 것으로서, 우리는 이 시를 이른바 유미주의적 경향의 '순수시'로 익숙히 알고 있다.

 모란이 피기까지는
 나는 아직 나의 봄을 기다리고 있을 테요.
 모란이 뚝뚝 떨어져 버린 날
 나는 비로소 봄을 여읜 설움에 잠길 테요.
 오월 어느 날 그 하루 무덥던 날
 떨어져 누운 꽃잎마저 시들어 버리고는
 천지에 모란은 자취도 없어지고
 뻗쳐오르던 내 보람 서운케 무너졌느니
 모란이 지고 나면 그뿐 내 한 해는 다 가고 말아

삼백예순날 하냥 섭섭해 우옵네다.
모란이 피기까지는
나는 아직 기다리고 있을 테요, 찬란한 슬픔의 봄을.

이 자리가 '시론詩論'의 자리가 아니고 '시론時論'의 자리이지만, 여기서 오월의 모란과 관련하여 서정적 자아가 가지게 되는 상실감, 서러움, 울음, 그리고 '찬란한 슬픔의 봄'에 대한 기다림 등은 말하자면 삶의 존재론적 슬픔이나 탈역사적인 미적 세계에 대한 동경 등에 관계된 것으로 곧잘 이해되곤 한다.

그런데 언제부터인가 그 슬픔과 기다림에는 역사적인 아픔이 겹쳐져 읽히기 시작했다. 이는 비단 필자 혼자만의 유별난 경험에 해당되는 것은 아니리라. 1980년 오월의 '광주'가 있었던 것이다. '오월 어느 날 그 하루 무덥던 날'로부터 이제 13년의 세월이 흘렀다. 하지만 아직도 광주는 울음과 기다림을 계속하고 있고, '뻗쳐오르던 보람'은 여전히 무너져 있다. '광주'만이 아닌 '광주'의 집단적 상실감과 우울증은 언제까지 계속되어야 하는가? 우리 '광주 사람들'은 언제까지 기다려야 하는가? 찬란한 '인간의 봄'은 언제나 우리의 몫이 될 것인가?

김영삼 대통령이 지난 13일 특별 담화를 통해 밝힌 광주 문제 해결책은 '인간의 봄'에 대한 우리의 기대를 무참히 배반하고 있다. '역사의 봄'에 대한 우리의 간절한 기대를 기다림과 좌절의 악순환 속으로 다시 밀어 넣고 있다. (이 점과 관련하여 앞의 시를 '광주'에 대한 역사적 알레고리로 읽는 것은 애초에 오독일 수밖에 없다고 할 수 있다. '자연의 봄'은 끊임없는 계절의 순환 속에 들어 있고, 따라서 봄에 대한 기다림은 필연적으로 좌절과 슬픔을 수반할 것이기 때문이다. '역사의 봄'도 그러한가?)

　국민들의 광범위한 지지와 기대를 한 몸에 받고 있는 '문민 시대의 개혁의 총아'가 내놓은 '고뇌에 찬 결단'이 기껏 기념일 제정과 묘역 성역화와 명예회복뿐이라니? 반인간적·반민족적 학살에 대한 진상 규명과 책임자 처벌은 "훗날의 역사에 맡기자"니? 본질은 외면한 채 지엽적인 미봉책만을 제시하면서 "잊지는 말되 과감히 용서하고 새롭게 화해하자"니? 이것이 왜곡된 역사를 바로잡아 잘못된 과거를 청산하는 길이라니?

　한 마을이 있었다. 마을에서 조금 떨어진 곳에는 호랑이 굴이 있었고 그 속에는 식인 호랑이가 살고 있었다. 마을 사람들은 식인 호랑이 때문에 무섬증에 시달리면서 그 호랑이를 하루빨리 때려잡을 궁리에 골몰하였다. 설왕설래 중에 홀연히 한 장정이 나서서 호랑이 굴로 걸음을 옮겼다. 꿩이나 토끼, 노루 등을 사냥하러 다니던 청년이었는데 "호랑이 잡으러 호랑이 굴에 들어간다"는 것이었다.

　그 이후의 이야기를 마을 사람들은 알지 못한다. 그 청년이 굴 속에서 식인 호랑이를 때려잡았는지, 거꾸로 잡아먹혀 버렸는지, 아니면 아직도 싸우고 있는지. 그도 저도 아니라면 '초자연적인 변신'의 과정을 거쳐 그 청년 자신이 또 한 마리의 호랑이가 되었는지. 마을 사람들은 다만 호랑이 굴을 뚫어지게 바라보면서 거기에서 무엇이 출현할 것인지 기대 반 공포 반의 심정으로 손에 땀을 쥐고 있다. 호랑이가 뛰쳐나온다면 합심하여 몽둥이로 때려잡을 것이고, 바라던 대로 호랑이 가죽을 걸친 청년 장사가 호쾌하게 웃으며 걸어 나온다면 호랑이 굴을 폐쇄하고 온 마을이 흥겨운 '신한국' 잔치판을 벌일 작정이었다.

　김영삼 대통령은 물론 '인왕산 호랑이'가 아닐 것이다. '배반의 병아리'도 물론 아닐 것이다. 이 환한 '과학의 시대'에 동물로의 변신 이야기를 믿을 사람이 어디 있겠는가? 따라서 우리는 그의 '개혁'에 대한 기대를 아직도 거두지 않고 싶은 욕망에 사로잡힌다. 금융실명제 실시가 계속 늦춰지고 있다 하더라도, 군 인사 비리 척결이 도중하차했다 하더라도, 노동쟁의에 공권력을 지난날처럼 투입한다 하더라도 우리는 그가 조만간 호피 걸친 '인간'의 모습으로 홀연히 우리 앞에 나타나는 광경을 그려본다, 아직은.

'광주'의 근원적인 해결이 시간을 조금 더(그러나 '조금 더'만) 필요로 하는 호랑이 사냥 격이라면, 오소리나 여우 사냥 수준도 안 되는 손쉬운 사냥도 있다. 뿌리까지 썩은 우리 교육에 새바람을 불어넣는다는 가벼운 생각으로 해직 교사들을 조건 없이 원상 복직시키고 전교조를 합법화하는 일이다. 전교조 창립과 해직 4주년을 맞아 이 문제만은 확실히 해결될 것으로 기대한다. "이 기회에 이 문제도 확실히 하지 못한다면 문민정부는 이깁니다"('이깁니다'는 '위기입니다'의 문민적 표현)

「홀로 서기」에 대하여

'홀로 서기'라는 말이 유행하고 있다. 이를테면 어떤 나라가 '홀로 서기' 연습을 하고 있다든가 일군의 여성 평론가들이 '홀로 서기' 시도를 하고 있다든가 하는 유의 표현을 우리는 심심찮게 신문 보도에서 접할 수 있다. 이럴 때 '홀로 서기'란 종속적이거나 부차적인 처지에서 벗어나 혼자의 힘으로 당당하게 섬, 다시 말해 '독립함'의 의미를 일차적으로 지니는 것이라 할 수 있다. 남에게 의존함이 없이 스스로의 역량으로 떳떳하게 일어서기라는 의미에서의 '홀로 서기'는 따라서 하등의 부정적인 요소도 그 속에 지니고 있지 않다고 할 수 있다.

하지만 그 말에서 우리가 적극적으로 길어 낼 수 있는 이와 같은 긍정적 의미를 일단 접어 두고 그 말이 유행하게 된 배경이나 사회적 맥락을 따져 볼 때, 우리는 그 말에 대해 따뜻한 눈길만 보낼 수는 없게 된다. 그 말의 유행은 약 2년 전에 출판된 한 시집에서 비롯된 것으로, 그 시집의 제목이 『홀로 서기』였고 그 시집 속에서 독자들의 가슴을 가장 강하게 흔들어 놓은 시편의 제목이 「홀로 서기」였다. 이 시는 '둘이 만나 서는 게 아니라 홀로 선 둘이가 만나는 것이다' 라는 명제를 내세우면서 고독한 실존적 자아의 탈사회적·탈역사적 방황과 고통을 노래한 후 '태어나면서 이미 정해진' '나의 한 쪽'을 만나기 위해 부단히 '홀로 서기' 연습을 해야겠다는 결의로 끝맺는다.

그 결의 속에는 우리 시대의 숱한 젊은 가슴들을 고통으로 몰아넣고 때로는 죽음으로 몰고 가기도 하는 시대적·역사적 고통이 거의 완벽히 배제되어 있을 뿐만 아니라, 고독한 실존적 자아의 사랑의 대상 또한 '태어나면서 이미 정해진 누군가'로 상정됨으로써 애초부터 '이루어질 수 없는 사랑'이 전제되어 있다. 그러한 사랑은 당연하게도 숙명론적 허무주의의 냄새를 짙게 풍기지 않을 수 없는 것인데 허무주의에 젖은 숙명론자의 이와 같은 '사랑' 속에서 우리가 발견하게 되는 것은 오로지 끊임없는 자기 연민·자기 도취·고통의 자기 증식 따위일 뿐이다. 혹은, '홀로 선 두 사람의 만남'이라는 신기루의 끊임없는 반복 재생산과 그 신기루에의 헛된 집착일 뿐이다.

이러한 의미에서의 '홀로 서기'가 이 땅의 수많은 젊은이들의 의식을 사로잡고 있다는 것은 그야말로 '허무'한 일이 아닐 수 없다(『홀로 서기』라는 시집은 중판을 거듭하면서 100만 부를 상회하는 판매부수를 올렸고, 이 시집을 그러한 초대형 베스트셀러로 만들어 준 것은 무엇보다도 20세 전후의 청소년들이었다). 비역사적 개인주의, 숙명론적 허무주의로서의 '홀로 서기' 의식이 한 사회에 지속적으로 팽배해 있을 때 그 사회의 미래는 어떤 것일 수 있을까? 허무주의적 개인 이기주의의 아수라장 혹은 '다 함께 쓰러지기'의 삶 이외에 그 무엇일 수 있을까?

진정한 '홀로 서기'는 이러한 가짜 '홀로 서기' 의식을 거부할 때에만 비로소 그 가능성이 열릴 터이다. 말의 참된 의미에서의 '홀로 서기'는, 혹은 자주적이고 주체적이며 독립적인 존재로의 자기 정립은, 파편화된 개인 이기주의적인 삶의 양식을 기울일 때에만 비로소 우리 모두의 것이 될 수 있을 것이다. 우리 모두의 참다운 '홀로 서기'를 위한 '더불어 함께 서기'의 노력이, '주체 인제인'들 사이에서부터 시작되어, 우리 사회 전체로 퍼져 나갈 수 있게 된다면!

누구를 위하여 종은 울리나

"청소년 여러분, 밤이 깊었습니다"로 시작해서 "어서 더 늦기 전에 부모 형제들이 기다리는 따뜻한 가정으로 돌아갑시다"로 끝나는 방송이 있다. 다른 곳에서는 모르겠으나 내가 사는 만덕동에서는 아직까지도 밤 열 시만 되면 어김없이 어딘가에서 흘러나오는 이 '거리의 방송'을 들을 때마다 나는 묘한 거부감에 사로잡힌다. 이른바 '소음 공해'에 대한 거부감만은 아니다. 밤늦도록 길거리에서 '방황'하는 청소년들이 있다면, 그러한 청소년들의 문제를 이 방송은 문제의 청소년 개개인의 탓으로 돌리거나 그들에게 '돌아갈 따뜻한 가정'을 마련해 주지 못한 부모의 책임으로만 돌리는 듯한 느낌을 왠지 주기 때문이다. 또한 '돌아갈 따뜻한 가정'이 있는 청소년이라면 굳이 이 방송 없이도 스스로 집으로 돌아갈 것이고, 그렇지 못한 불행한 경우라면 이 방송에서 오히려 더한 상대적 박탈감이나 좌절감 혹은 괴리감을 맛보게 되지 않을까, 이 점에서 이 방송은 사회를 이끌어 갈 책임이 있는 사람들의 속편한 구두선口頭禪이나 자기 위안 또는 자기 기만을 넘어 일종의 교묘한 사회적 책임 회피―전가의 구조를 반영하면서, 그 자체 하나의 '사회적 죄악'을 형성한다고 말할 수도 있을 것이다.

이른바 '지존파'에 대한 우리 사회의 관계도 비슷한 맥락에서 바라볼 수 있을 것 같다. '지존파' 청년들은 무엇보다 '사회적 결손가정'의 자식들이라 할 수 있을 것이므로, 자신의 안녕과 복지를 위해 마음 써 줄 '사회적 아버지'도 '어머니'도 '형제'도 없는 상황에서 그들의 눈에 보인 것은 주변의 많은 사람들이 정당하지 못한 방법으로 부를 축적하고 '낭비' 하는 천민자본주의 사회의 '저주스런' 모습이었을 것이고, 이러한 사회에서 자신을 '인간' 밖으로 몰아내면서 무시·핍박하는 '가진 자들'에 대해 그들은 마음속으로 저주를 키워 가게 되었을 것이다. 그들을 '인간' 밖으로 밀어내기로는 공권력 또한 크게 다를 바 없었을 것이다. 뿐만 아니라 그들이 보기에 이 사회에는 '정의로운 공권력'이 존재하지 않는 듯하였고, 그리하여 그들은 '주제넘게도' 자기들 식으로 가진 자들을 '응징' 하겠다고 나섰던 것은 아닌가. 그리고 그 방법은 아! 너무나 잔혹하고 '비인간적' 이었다! 그런데 그들의 '교과서'는 또 무엇이었던가. 가진 자들과 힘 있는 자들이 자신의 필요와 논리에 따라 이 사회에 이런저런 방식으로 유포시키거나 '시범'을 보여준 「지존 무상」과 「양들의 침묵」과 '이현세류'의 암울한 색조의 만화와, 그리고 '광주 학살' 등등이 아니었던가.

권력과 자본과 사회교육이 그들에게 총체적으로 가르쳐준 것이 비록 '야수적 방법' 이었다 할지라도, 그들은 '짐승'의 길을 택하지 않을 수도 있었을 것이다. 이 점에서 그들은 개인적 책임에서 전혀 벗어날 수 없으며, 또 응분의 대가를 치르게 될 것이다. 하지만 자신을 '인간'으로 대접해 주지 않는 '인간'과 '인간사회'에 대한 그들의 절망은 누구도 어루만져 주지 않았고, 또한 '인간적'인 미래 사회에 대한 어떠한 전망도 가지지 못하였기에 그들은 이를테면 '임꺽정'이나 '일지매'의 길조차 따르지 못했던 것이 아닌가. 그들이 기독교 신자였다면 혹 '휴거'에 대한 기대나 '새 하늘 새 땅'에 대한 묵시록적 기대를 가질 수 있었을까? 하지만 그도 아니었기에 그들은 결국 거꾸로 '인간'을 '인간'으로 바라보기를 거부하는 자기들의 방식으로 인간과 인간 세상에 대한 '비인간적 한풀이'의 길로 나아간 것이 아니었을까.

실로 착잡한 심경이요 어지러운 세상이다. 인간은 무엇이며 무엇 하러 사는가. 인간의 존엄은 무엇이며 생명의 존엄은 또 무엇인가. 우리는 아직도 인간에 대한 희망을 가질 수 있는가. 어느 소설가의 표현을 빌어 '인간에 대한 예의'를 우리는 과연 얼마나 지니고서 나날을 살아가고 있는가. 인간 공동체가 붕괴되어 가는 소리에 뒤섞여 희미한 종소리가 들려온다. 영국의 어느 시인은 그 종소리를 듣고 누가 죽었는지 알아보러 사람을 보낼 필요가 없다고 하였다. 그 종소리는 그 종소리를 듣는 모든 사람을 위하여 울리는 것이므로. '지존파'가 울리는 이 땅의 종소리는 우리들 각자의 '인간적 죽음'을 애도하는 종소리가 혹 아닌가?

'시적 인간'이 그리운 시절

　파리 한 목숨 못 죽이면서 세상 모두와 싸우는 사람, 시대의 흐름을 거스르면서 한 시대 앞서가는 사람, 그러나 남과의 싸움에 앞서 자기와의 싸움에 깊숙한 사람, 뿌리에서부터 비극적인, 따라서 희극적일 수 있는 사람, 바탕이 녹색, 그래서 적색일지 모르는 사람. 그리하여 현실적 '시인' 여부와 관계없이, 손이나 머리나 가슴이 아니라, 온몸으로 '시'를 사는 인간.
　느닷없이 웬 '시적 인간' 타령인가. 이는 단지 현실의 시인들에 대한 불만에서 나온 것만은 아니다. 물론 이들에 대한 불만은 있다.
　이를테면 중심 없이 지리멸렬한, 혹은 '포스트모던'한 사회 현실과 '온몸의 시'를 통해 맞부딪쳐 나가는 시인이 지금 몇 명이나 있는가. 근원적 수준에서 '시적'인 시인이 과연 몇이나 되는가.
　'시적 인간'에 대한 우리의 요구나 그리움은 '현실적'이지 못한 현실의 시인들에 대한 '더 많은' 요구 수준을 넘어서 있다. 그것은 무엇보다도 최근의 '신지식인 운동'에 관계되어 있다.

'국민의 정부'가 미래 사회의 바람직한 인간형으로 내세우는 '신지식인'이란, 학벌이나 학력에 관계없이 자신의 경제활동 영역에서 지식 활용을 통해 부가가치를 능동적으로 창출하는 사람이다.

창의력이나 전문성을 가진 사람을 '신지식인'으로 대우하자는 정부의 태도는 분명 신선하고 또 적극 평가받을 만하다.

그러나 문제는 '경제활동'과 '부가가치 창출'의 강조에 있다. 그것이 당장의 경제 난국을 돌파하기 위한 것이라면 국난 극복을 위한 정부의 충정을 이해할 수도 있다.

하지만 그것이 국정 운용의 기본 철학과 연계되어 있고, 21세기의 주도적 인간형과 연관되어 있다는 데 근본적인 문제가 있다.

돈으로 계산하기 어려운 가치를 창출하는 사람들은 이제 지식인이 아니며, 오로지 '경제적 인간'만이 21세기 '지식 국가'의 주역이 될 수 있다는 것이다. 이러한 '경제적 인간'의 반대편에, 혹은 그 너머에, 그렇게, '시적 인간'이 웅크리고 있다.

무산의 시인

　시인이란 본디 재물과는 거리가 먼 존재일 것이다. 우리들이 일반적으로 가지는 시인의 이미지는 오히려 가난과 결부되어 있다. 따라서 '무산無産의 시인'이란 표현은 하나의 동어반복에 지나지 않을지 모른다.
　그러나 백무산의 최근 시집 『길은 광야의 것이다』에 이르면 이 말은 한결 절실한 울림을 갖고 새롭게 다가온다. 이 시집은 물질적 무산뿐만 아니라 '정신적 무산'까지를 말하고 있는 것이다.
　마음이 가난한 시인은 가령 풀씨 하나에서 '무성하던 잎을 비우고 / 환하던 꽃을 비우고 / 마침내 자신의 몸 하나 / 마저 비워 버린' '텅 빈 구멍'의 모습을 보고, 또 그 속에서 자신의 모습을 발견한다.
　불교적 공空의 세계나 선禪적 인식과 맥이 닿아 있을 이러한 마음의 경지는 시인을 거의 '해탈'에 근접한 상태로까지 데려가기도 하고, 시인으로 하여금 '길'이 아니라 허허로운 '마음의 광야'에 서게 하기도 한다. 그러나 '다시 저 광야의 / 끝자락에서 푸른 파도처럼 일어서는 / 길을 보리라'고 시집은 맺고 있다.

　백무산이 어떤 시인이었던가. 사회 변혁의 열정으로 들끓던 1980년대의 대표적인 전투적 노동 시인이 아니었던가. 필명 '백무산'도 알고 보면 그의 '무산' 계급적 세계관과 연관되어 채택되었던 것이 아닌가. 그러나 1990년대 들어 그는 계급 시인에서 탈피, '인간의 시간'을 거쳐 마침내 '무소유無所有'의 시인에 도달하였다.

　이러한 변모를 두고 혹자는 불만이나 섭섭함을 말할 수도 있을 것이다. 하지만 그 변모에 개재된 정신적 고투라든가 그 정신적 고투를 가져온 사회적 변화를 읽은 독자의 입장에서는 이 '무산의 시인'의 21세기를 '마음 비우지 않고' 기대할 이유가 충분히 있을 것이다.

　그의 '무소유'는 적어도 자본주의사회에 대한 근원적 비판의 소산이 아닌가. '무산의 시인'은 지금 무한한 가능성의 광야에 서 있다.

있는 그대로 사랑하기

"눈깔사탕 사 주고 싶은데 / 나에겐 딸이 없다."

쉰 넘어 결혼한 어떤 시인이 결혼 전에 쓴 짤막한 시의 전문이다.

또 어떤 시인은 중년에 접어들어, "초경初經을 막 시작한 딸아이, 이젠 내가 껴 안아줄 수도 없고 / 생이 끔찍해졌다"고 푸념을 늘어놓는다.

나에겐 딸이 있다. 그것도 '적당한' 나이의 딸이. 초등학교 1학년에 다니는 딸아이의 어린이날을 지켜보면서, 일 년 3백65일을 모두 어린이날처럼 대해 주지 못하는 현실에 미안한 마음이 앞선다. 지나친 이야기인가?

어린이날을 제정한 기본 취지가, 평소에 사람 대접 제대로 받지 못하는 '아이들'을 이날 하루만이라도 '어린 사람'으로 대접해 주고, 또 마음껏 뛰어놀게 해주자는 것이라면?

아무튼 나에겐 어린 딸이 있고, 이 사실이 나는 자랑스럽다.

그런데 가만히 생각해 보면, 딸에게 해주는 것보다는 받는 것이 더 많다는 느낌이다.

기껏 어린이날이랍시고 선물 하나 안겨 주고, 또 함께 놀아주는 모양을 잡아 보지만, 따지고 보면 '놀아주는' 것은 내가 아니고 딸인 것이다.

딸을 장난감 삼아 놀던 내가 던지는 말. "내 장난감은 누가 제일 좋지?" "아빠가 제일 좋지. 그런데 나는 장난감이 아니고 사람인데?" "에이, 말하는 장난감 있잖아." "그럼 아빠는 아기네. 장난감 가지고 노니까."

그렇다. 나는 아기다(!) 서양의 어떤 시인은 "어린이는 어른의 아버지"라고 하였지만, 그렇다면 나에게 있어 어린이는 어른의 어머니라고나 할까.

딸 자랑이 좀 심해졌지만, 이왕 내친 김에 한마디 덧붙이자면, 이런 딸 아이를 어찌 사랑하지 않을 수 있으랴? 있는 그대로?

그런데 문제는, '있는 그대로 사랑하기'가 딸을 매개로 하여 세상 전체로 확산되어 갈 조짐을 보인다는 것이다.

이 세상을, 풀어야 할 숙제 투성이의 이 세상을 있는 그대로 사랑하라고? 비非유토피아적이다 못해 반反유토피아적이기까지 한 이 세상을? 철없는 딸이 '철없는' 아비에게 던지는 얄궂은 숙제가 아닐 수 없다.

책 읽기와 거울보기

'거울도 안 보는 여자'가 정말 있는지는 모르겠다. 하지만 사회 속의 일상을 살아 나가는 사람이라면, 가끔씩이라도 거울 속의 자기 '현실'을 들여다보지 않을 수 없을 것이다.

책은, 특히 문학책은 그 자체로서 하나의 거울이다.

거의 있는 그대로 비추어 주건, 뒤집어서 혹은 환상적으로 비추어 주건, 문학은 현실을 나름대로 일정하게 반영하고 있다.

'문학의 거울'을 들여다봄으로써 우리는 세계와 인간에 대한 이해의 폭과 깊이를 더할 수 있게 된다.

그런데 이 '문학의 거울'을 이중의 거울로 만들었을 때, 우리는 한결 의미 있는 '거울보기'를 행할 수 있다.

이미 현실을 반영하고 있는 거울에다가 독자의 현실을 다시 한 번 의식적으로 투영하였을 때, '거울보기'는 주체적이고 능동적인 정신 활동으로서 새로운 차원을 획득하게 되는 것이다.

책 속의 현실에다 자신의 현실을 비추어 보고, 이 둘을 비교하고 대조해 봄으로써 우리는 자신과 주변 현실에 대한 새로운 성찰에 들어가게 된다.

물론 이것은 괴로운 정신적 과정일 수 있으며, 책읽기의 즐거움을 앗아가 버릴 수도 있다. 그러나 그 고통을 딛고 일어섰을 때 우리는 더욱 객관적인 자기 인식과 세계 인식, 그리고 미래에 대한 새로운 전망을 획득할 수 있다.

'책읽기가 취미'라는 사람들의 수가 점점 줄어들고 있다. 책읽기의 자리를 '대체'하고 있는 다른 매체들도 물론 '거울보기'의 기회를 우리에게 제공해 줄 수 있다.

그러나 덜 고통스러운 만큼 수동적이기 쉬운 그러한 '거울보기'는 적극적 자기 성찰이나 자유로운 상상력의 활동 공간을 책읽기만큼 깊고 넉넉하게 보장해 주지는 못한다.

치열한 자기와의 싸움이나 세계와의 싸움의 가능성은, 그리하여 더 좋은 현실의 획득 가능성은, 이 시대에도 여전히 능동적인 거울보기로서의 책읽기에서 먼저 찾지 않을 수 없는 것이다.

꽃피는 아이들, 꽃피는 한반도

"난 1등 같은 것은 싫은데…… 앉아서 공부만 하는 그런 학생은 싫은데, 난 꿈이 따로 있는데, 난 친구가 필요한데…… (……) 공부만 해서 행복한 건 아니잖아? 공부만 한다고 해서 잘난 것도 아니잖아? 무엇이든지 최선을 다해 이 사회에 봉사하고 가난하고 불쌍한 사람을 위해 조금이라도 도움을 주면 그것이 보람 있고 행복한 거잖아? 행복은 성적순이 아니잖아?"

"돈 없는 것도 죄가 되는 세상인지 원…… 큰 아이가 여중 3학년인데 학교에서 자꾸 오라는 거였어요. 진학 문제 상담이라지만 그냥 갈 수도 없고 봉투를 가져갈 처지도 못 되고…… 해서 고민을 하다가 결국 그냥 갔었어요. 계속 몇 차례 더 불렀지만 그때마다 빈손으로 갔었는데 담임이 원하는 학교에 원서를 써 주지 않는 거예요. 반에서 4,5등은 하는 편이라 맹탕은 아니어서 딸애는 서울여상이나 그 한 단계 밑을 지원하려고 했거든요. 인문계 학교 갈 처지도 못 되고요. 딸애는 계속 고집을 피우는데, 담임은 써 주지 못하겠다는 거예요…… 그렇다고 이제 와서 봉투를 들고 갈 수도 없고 이래저래 생각할수록 가슴만 아픈 거예요."

"제5공화국은 정의 사회를 구현하기 위한 모든 비능률, 모순, 비리를 척결하며, 국민의 진정한 행복을 위해 민주 복지 국가의 건설을 지향하고 있는 만큼 우리나라의 장래는 밝게 빛날 것이다."

이것이 우리 교육의 현주소이다. 삭막하고 비인간적인 우리의 학교 교육은 입시 경쟁 교육의 과중한 압박으로 하여 어린 학생으로 하여금 그러한 교육 현실에 대한 애절하고 순박한 항거의 유서를 남겨 놓고 채 못 피어난 목숨을 스스로 끊게 한다(첫 번째 인용문). 우리 교육계의 구조적인 모순과 비리, 그리고 열악한 교육 환경과 교원 처우는 교사들로 하여금 '호시탐탐' 학부모들의 얄팍한 호주머니에서 '봉투'를 뜯어 낼 궁리를 하게 만든다(두 번째 인용문). 교육을 국가의 백년대계가 아니라 정권 안보의 가장 믿을 만한 기반쯤으로 생각하는 우리의 문교부는 국정교과서로 하여금 모순과 비리와 부도덕과 부정의 '그 5공'을 ('이 6공'도 마찬가지겠지만) 정의와 민주와 복지의 공화국으로 '찬양·미화·고무' 하도록 한다(세 번째 인용문).
어떻게 할 것인가?
꽃처럼 화사하게 피어나야 할 우리의 사랑스런 아이들이 입시 지옥으로부터 탈출하기 위하여 고층 아파트 베란다에서 혹은 한강 다리 난간에서 제 몸을 던지도록 가만히 놓아두어야 할 것인가. 환각제를 갖고 다니고 칼을 갖고 다니고, 그리하여 마침내 '비행 청소년'이 되도록 방조해야만 할 것인가. 또 우리 선생님들은, 아이들과 학부모님들의 사랑과 존경을 누려야 할 우리 선생님들은 비리와 부정의 사회구조 속에서 개인적·소시민적 안일을 추구하면서 부정과 비리의 '공범'으로 언제까지나 속절없이, 하염없이, 머물러 있어야만 할 것인가. 또 우리의 교과서는 언제까지나 비인간적이고 부도덕한 정권의 선전·홍보 매체 노릇을 충성스럽게, 지칠 줄 모르고, 수행해 나가야만 할 것인가.

그럴 수는 없다고 많은 선생님들은 생각하였기에 전국교직원노동조합을 결성하였다. 비인간적으로 탈퇴를 강요당하였다. 탈퇴함으로써 '도덕적인 죽음'에 직면하기도 하고 탈퇴하지 않음으로써 '생존적인 죽음'에 직면하기도 하였다.

왜 하필 노동조합이냐는 질책도 있었다. 노동조합 하는 교사들은 '의식화 교사'가 아니냐, '좌경·용공 교사'가 아니냐는 비난도 있었다. 그러나 전교조의 전신인 전교협(전국교사협의회)에 대해 정권은 어떤 태도를 보였던가. 전교협의 정당한 요구와 주장은 그것이 '임의단체'의 요구와 주장이기 때문에 정권, 문교부, 교장으로부터 부당하게 묵살 당해 오지 않았던가. 또 교직은 신성하다는, 따라서 교사는 비천한 노동자일 수 없다는, 얼핏 보아 교사를 무척이나 받들어 모시는 듯한 논리를 내세워 교사들의 노동조합은 말끝부터가 성립되지 않는다고 정권 쪽은 자못 엄숙하게 펄쩍 뛰지만, 그 '신성한' 교직자들에게 그러면 지금까지 과연 어떠한 역할이 주로 떠맡겨져 왔던가. 부정한 정권의 비천한 '시녀', '하수인', 아니면 '주구'의 역할이 아니었던가. 오늘의 교사는 분명 노동자이다. 교사의 교육 활동은 분명히 학생을 대상으로 전문성을 갖고 이루어지는 노동, 즉 교육 노동이다. 그리고 그러한 의미에서 그것은 신성한 노동이고 신성한 교육 노동인 것이다(물론 노동은 그것이 어떠한 것이건, 정신노동이건 육체노동이건, 사회와 국가와 인류의 발전에 이바지하는 신성한 인간 활동이다). 우리나라의 현 사회구조 속에서, 그리고 현 법체계 하에서 교사의 노동조합은 너무나 당연할 뿐이다.

노동조합 하는 교사는 물론 의식화 교사이다. 하지만 어디 그들만이 의식화 교사이랴. 지금까지 정권 쪽에서는 모든 교사들을 동원하여, 나아가 학교 밖의 온갖 비정규직 교사들까지 동원하여 학생들을 의식화해 오지 않았던가. 교육은 원래부터가 의식화인 것이다. 다만 차이점이 있다면 한 쪽이 반민족적 · 반민주적 · 반인간적 의식화 교육을 지향한다면 다른 한 쪽은 반반민족적 · 반반민주적 · 반반인간적 의식화 교육을 지향한다는 점이다. 반반민족적 · 반반민주적 · 반반인간적 교육을 지향하는 교사들을 좌경 · 용공 교사로 몰아붙이는 것은 반민족적 · 반민주적 · 반인간적 정권에 반대하는 모든 개인이나 집단을 '빨갱이'로 몰아붙여 온 이 땅의 역대 정권들의 아직도 치유되지 못한 고질병의 발로 이상일 수 없다.

1,500여 민족 · 민주 · 인간화 교사들의 '대학살'은 반민족 · 반민주 · 반인간화 교육으로써만 자신이 살아남음을 보장받을 수 있는 정권의 속성상 필연적인 일이었는지 모른다. 언론과 더불어 교육이야말로 정권 존립의 최대 · 최후의 기반이요, 보루이기 때문이다.

그런데 대학살 이후에도 전교조는 왜 죽지 않는가? 왜 더욱 푸르게 살아나고 있는가? 민족 · 민주 · 인간화 교육이 민족적인 삶을, 민주적인 삶을, 인간적인 삶을 희구하는 이 땅 민중의 깊고 넓은 큰 바람이기 때문이다. 거짓 교육의 갖은 왜곡과 조작 속에서도 민족적 진실을, 민주적 진실을, 인간적 진실을 꿰뚫어 볼 수 있는 민중적 지혜는 참교육을 열망하고 있기 때문이다.

전교조와 참교육은 반드시 이기게 되어 있다. 그러나 그 이김을 얼마나 앞당기는가는 우리 모두가 손에 손잡고 반민족·반민주·반인간화의 벽을 허물어뜨리려는 노력과 의지를 얼마나 기울이고 보이느냐에 달려 있다. "이제 우리 모두 일어나 영원히 함께 살아가야 할 길 나서자. '손에 손잡고 벽을 넘어서' 우리 사는 세상 더욱 살기 좋도록……" 더욱 살기 좋은 그 세상은 마침내 아이들이 꽃피는 나라, 민중이 꽃피는 나라, 그리하여 꽃피는 한반도일 것이다.

스승의 날 유감

'스승의 날'은 이 시대 선생 된 자에게는 해마다 고통의 화두話頭이다. 먼저 그 '태생적 한계'나 제정 취지의 수상쩍은 측면을 생각해 볼 때 그러하다. 올해 16회가 되는 스승의 날은 전두환 정권 초기에 제정된 것으로, 여기에는 아무래도 '군사부일체君師父一體'식의 봉건적 이데올로기가 암암리에 개입되었을 혐의가 짙다. 말하자면 '나라님'과 '스승'은 아버지와 같은 존재여서 마땅히 존경받고 떠받들어져야 한다는 생각, 그리고 현대의 대통령과 교사·교수도 자동적으로 그러한 대접을 받아야만 한다는 일종의 '미신'이 그 바탕에서 작용했을 수 있는 것이다. 하지만 멀리 왕조시대로 갈 것도 없이 이승만, 박정희, 전두환, 노태우, 김영삼 등 최근의 '나라님'들을 생각해볼 때, 과연 백성의 안녕과 복지를 최우선적으로 생각하는 '나라님'이 대체 어디 있었던가? 그리고 제자의 안녕과 복지를 맨 먼저 생각하는 제대로 된 '스승'이 과연 얼마나 있었던가?

이렇게 본다면 부정한 권력이 현실 영합적인 교사와 교수를 '스승'으로 대접해 주면서 자기편으로 끌어들여, 더불어 사회적 정당성을 확보해 보려는 일종의 '야합적' 맥락이 스승의 날이라는 제도에 끼어들었을 가능성은 높을 수밖에 없고, 그리하여 권력의 세계에서나 교육의 장에서나 악화가 양화를 구축하는 현상이 강화될 수 있었다고 할 수 있을 것이다.(교육의 장에서 체제 순응적인 지식인들이 양산된 반면 체제에 비순응적인 선생들이 '스승' 대접을 받지 못하면서 교육의 장 밖으로 몰려난 사례는 전교조 사태나 교수 재임용 탈락 사태 등을 통해 우리가 익히 알고 있는 바이다).

그 제정 취지나 태생적 한계 혹은 사회정치적 맥락은 또 그렇다 치더라도, 교육 현장에서 스승의 날이 현실적으로 의미 있게 운용되고 있다면야 이는 또 다른 문제일 수도 있을 것이다. 하지만 일 년에 한 번씩 날 잡아서 형식적인 선물과 형식적인 덕담을 주고받는 행사를 치르고 나서는 일 년 364일 '스승'을 깨끗이 잊어버리는 풍토에서랴.(물론 이렇듯 일회적이고 형식적인 행사주의가 만연하게 된 데는 제대로 된 '스승'이 별로 없다는 배경이 작용했을 것이다).

따라서 '스승의 날'은 무의미하다. 따라서 '스승의 날'은 폐지되는 것이 좋다. 대신 일 년 365일을 비공식적인 스승의 날로 함이 어떠할지. 마치 일 년 365일을 어린이날로, 일 년 365일을 학생의 날로 함이 좋겠듯이. 이를 위해서는 선생이나 학생이나 거듭나야 할 것인데, 먼저 선생 쪽에서는 정권으로부터, 학교 당국으로부터, 나아가 학생들로부터(학생들의 요구도 다 정당한 것은 아니기 때문에)의 자율성을 확보함으로써 단순한 지식 전달자의 굴레를 벗어던지고 소신과 지조를 갖춘 비판적 지성으로 자신을 재정립해야 할 것이고, 그리하여 올곧은 교육적, 사회적 역할에 충실해야 할 것이다.

　학생 쪽에서는 정권과 학교 당국 그리고 선생에 대한(선생도 항상 옳은 것만은 아닐 수 있으므로) 주체적인 비판적 안목을 일상적으로 키워 나감으로써 장차 청출어람靑出於藍의 비판적 지성이 되도록 노력해야 할 것이다. 특히 '김영삼' 식 세계화 교육의 논리에 매몰되어 눈앞의 실용성이나 실리에 눈멀거나, 선생을 단순한 지식 공급자 혹은 지식 상품 판매자로 눈멀게 바라보려는 태도는 지양해야 할 것이다. 아울러 스스로를 단순한 지식 수요자나 지식 상품 구매자로 바라보는 맹목도 지양해야 할 것이다.

　이러한 바탕 위에서 제대로 된 스승과 제대로 된 제자가 우리들 학교에 넘쳐 날 수 있을 것이고, 또 제대로 된 사제 관계가 '좋은 학교'를 만들어 갈 수 있을 것이며, 또 이를 바탕으로 '좋은 생각' 넘치는 '좋은 사회'의 건설이 눈앞의 현실로 성큼 다가설 수 있을 것이다. 그렇다면 달리 '스승의 날'이 무슨 필요 있으랴?

　나는 오월 어느 하루 의례적인 덕담이나 꽃다발이나 선물이나 '스승의 노래'를 전해 받는 '교수님'이기보다는 학생의 따스한 진실이 담긴 말이나 편지를 전해 받는, 시도 때도 없이, '선생님'이고 싶다. 과욕일까?

제4부

편지글 모음 · 기타

령에게, 1998년 4월

그대 두고 누구에게 한눈을 팔리요,
전생 후생 합쳐도 오직 한 내 사랑,
이 사랑 받아 주오, 이 마음 변치 않소.

형님께

모든 일이, 무사하지 않은 듯,
무사하리라 믿습니다.
세상에는 바람이 불고,
마음속에는 평화가 있을까요.

영국에서 쓴 '일기'를 몇 편 보내봅니다.
아마 최초의 외국 생활,
그 찌꺼기인지 모르겠습니다.

여우 같은 종이님,

채영 같은 혜령님
유비 같은 정빈님
장비 같은 영빈님,

더불어 안녕하시기를.

      1998년 초봄, 경수 드림

―·―·―·―·―·―

누님 전상서

무소식이 희소식이라지만
일자 소식이 나쁘지 않을 때도 있겠지요?
누님도 오십대라
거의 할머니 나이 축에 드시는데,
그래도 아름다움은,
건강과 더불어
여전하시겠지요?

자형께서도 두루 안녕하시옵고,
규웅이도 사춘기를 잘 보내고 있는지요?
시집간 우리 은향이는
그럭저럭 잘 살아가리라 생각하고,
은숙이 시집은 어떻게 되었는지요?

누님을 생각하면 언제나
말 그대로 '누님',
편안하고 아늑하고 아득한
'누님'이 떠오릅니다.
제가 어릴 때부터 '누부' 해주신 것이랑
중고등학교 때
용돈 보태 주시며 일하시던 모습이랑,
생각하면
아슴히 떠오르는 게
한두 가지가 아니군요.

누님, 우리 누님,
음지 앞집에 순례 혹은 태주를 두고
저를 놀리시던 기억이 나세요?
손 한번 잡은 적 없는데
'태주하고 건수하고 어쩌고저쩌고' 하시던……
그때는 정말 신경질이 났던 것 같은데……

저는 골치 아픈 한국의 현실을
떠나 있으니
너무 편안합니다.
단순한 생활이라
더러 지겹긴 해도,
있으라면
계속 눌러 앉고 싶은 심정입니다.
마음 편하게 공부도 하고
식구들에게도
실로 오랜만에,
처음인 듯,
관심과 애정 속에
잘해 줄려고 노력합니다.
재륭 모는 무엇보다
남편이 술 심하게 안 마시니 좋아하고
(술친구가 없으니까),
재륭이는 외로움 속에
늘상 컴퓨터를 벗 삼아 지내는데,
외국 생활이라
그냥 놔두고 있습니다.
무엇보다 채영이,
눈깔사탕 사주고 싶은 채영이,
우리 집 최고의 독재자,
채영이 딸이 있어서,
그 무엇이든
견딜 수 있을 것 같습니다.

아무쪼록
건강과 아름다움을 내내 유지하시옵고
가족들에게
평화로운 '집안의 천사'가
계속 되어 주시옵소서,
누님,
우리 누님,
우리 누부야!

———·—·—·—·—·—·—

황동규 선생님께

선생님,
그동안 안녕하셨는지요.
미국 잘 다녀오시고,
또 올해가 선생님께 중요한 '기념의 해'인 걸로 알고 있습니다만,
아무것도 해 드리지 못해
제 '가난한 꿈'만 깔아 드리겠습니다.
사뿐히 즈려 밟으시옵소서.
저는 영국에 와서 잉글랜드 내의 문학기행과 더불어
아일랜드와 스코틀랜드 여행도 다녀 보았습니다.
그 결과로 생긴 삼류시 한 편 동봉해 보았습니다.
너무 부끄럽습니다.
여행만 한 것은 아니고,

책방 순례와 도서관 순례도 좀 해보았습니다.
제 박사 논문을 위하여
예이츠 관련 서적도 제법 구해서 읽어보았습니다만
뾰족한 주제가 잘 떠오르지 않습니다.
그래서 언젠가 하신 선생님 말씀도 생각나고,
또 '탑' 이 아무래도 예이츠에게 핵심적인 것으로 생각되어,
제 석사 논문을 확대 발전시켜 써 볼까 싶습니다.
석사 논문 제목이 「지상地上의 성역聖域 : 예이츠 시의 탑 이미지 연구」였습니다만,
이번에는 「포월의 탑: 예이츠의 탑 시편 연구」,
비슷한 제목을 가지고 써 볼까 합니다만,
'포월抱越'이라는 개념이 일반적으로 낯선 것이고
(인하대 김진석 씨의 개념입니다만),
또다시 '탑'을 이야기한다는 것이 어떻는지요.

선생님께서 허락해 주시면
그쪽으로 몇 달간 밀어 볼 생각입니다.
이 편지 받아 보신 며칠 후쯤,
전화 올리겠습니다.
'옥체 보전' 바라오며 이만 펜을 놓겠습니다.
안녕히 계십시오.

1998. 4. 30. 케임브리지에서

—·—·—·—·—

창열 군에게

언제나 그렇듯이
세상일은 쉬운 것이 없고,
인간의 지혜는,
깊은 마음은,
시간과 더불어 오는 것,
안달하는 자에게 돌아오느니
순간의 위락뿐이니,
항상적으로 인내와
인고와 기다림을
생각할 것.

여러 가지 이유로,
특히 한 가지 일로 더욱, 심란할 텐데,
심란을 더하려 함이 아니라,
고통에 동참한다는 뜻에서
보내 보는 것이니,
이 마음 조금은 이해하고
더 좋기로는,
일종의 특이한 위안으로 삼으면서
글을 좀 썼으면 좋겠다.

정리되지 않은 마음일지언정
일자 소식 보내 주면 좋겠구나.
선영이와 비나리 학생들로부터
편지를 받았고 답장도 보냈는데,
서로가 창열이 언급은 없었다…….

세월이 지나면 창열이가 세우고,
또 열심히 일구어 온
비나리의 텃밭,
다시 밟을 수 있으리라 생각한다.

―――・―・―・―・―――

창열 군에게

편지 반갑게 받아 읽었다.
진영 군으로부터도 편지를 받았는데,
이런저런 사정 속에서도 출소를 하고,
또 복학을 하고, 졸업 준비를 해 나가고 있는 모습이
넉넉하고 든든하게 여겨져 한량없이 기뻤다.
창열 군의 인간적 충격과 배신감이 피부에 와 닿았고
그 충격과 배신을 뚫고 솟아오르는,
최근의 정리된 모습에서
넉넉한 미래를 앞당겨 본다.
부모님으로부터 허락도 얻었으니,

올 한 해 대학원 입시 준비를 중심으로 삶을 엮어 나가면 될 것 같구나.
노동자문학을 하고 싶다면 그 관심을 계속 키워 나가되,
다른 가능성들을 닫아 버려서는 물론 안 되겠지.
부산대 대학원 정도를 목표로 하여
현실적인 접근을 해보았으면 어떨까 싶다.
게다가 의식 있는 재미 교포를 소개받았다니 참 즐거운 일이다.
친구면 친구, 그 이상이면 그 이상,
자연스럽게, 넉넉하게, 물 흐르듯,
사귀어 나가길 바란다.
나의 영국 생활은 평안의 연속인데,
이제 평안이 너무 평안스러워 지겨워질 지경이다.
영국 와서 첫 서너 달 정도는 술을 입에 대지도 않았고
(의식적으로가 아니라 영국이,
케임브리지가 가져다주는 평온 속에서,
나도 몰래, 저절로),
그 이후 지금까지는 공부하는 틈틈이 한잔씩 했는데
(처자식 앞에 앉혀 놓고,
그들을 안주 삼아, 다소 쓸쓸히),
최근에 와서는 한국의 소주가 이따금씩 그리워진다.
(위스키는 너무 독하고,
가끔 마시는 아일랜드 출신 기네스 흑맥주는 또 너무 약하고,
역시 25도 정도의 소주 한두 병 정도가
나에게는 제격일 것 같다.)
심심할 때 '운문 연습'을 더러 해보는 바,
어린 딸을 글감으로 끄적여 본 다음의 소품이

나의 근황을 얼마간 짐작케 해주리라 싶다.
언제나 부드럽고 강인한,
치열하고 넉넉한
창열 군이 되어 주길 바라면서, 이만 맺는다.

―― ―― ―― ――

창열 군에게

무엇보다 마음의 평온을 되찾았다니 반갑고, 축하할 일이다.
대학원 진학이든 학사 편입이든, 그러한 평정심 속에서 차분히 숙고해서 천천히 결정하면 되겠고, 그러한 평정 속에서 미국 유학생과의 '우정'을 돈독히 키워 나가면 또 좋은 일이 아닐까 싶다.
명환이 결혼과 영선이, 병옥이 결혼을 멀리서나마 축하한다고 기회 있으면 전해 주길 바란다. 학교 다닐 때부터 영선이와 병옥이가 붙어 다니는 모습을 수차례 목격한 바 있는데, 사람의 미래는 알 수 없는 일이라, 긴가민가하였는데, 아무쪼록 결혼으로 '골인' 하게 되어, 두 사람에게 공동의 선생 된 자의 입장에서는 흐뭇한 일이다.
인제대 자주 대오 사건과 기무사 문건 조작 사건은 정말로 가슴 아프고 유감스런 일이다. 이제 인제대 학생운동도, 전국적 차원의 학생운동도, 나아가 사회 전반의 사회변혁 운동도 그 종말을 고하는 것 같아서 마음이 다소 착잡해진다. 그러나 이제는 돌이킬 수 없는 상황이 아닌가 싶다. 앞으로는 운동이라야 기껏 온갖 이해 집단들의 '제 밥그릇 챙기기' 차원에서 진행되는 '운동' 밖에 없을 것 같은 생각이 들고, 또 그런 방향으로 사회는 계속 '흘러갈'

것이다. 희망이 별로 없는 사회 분위기이지만, 어쩌랴, 그 또한 한국인으로 태어난 자가 감내해야 할 '운명'의 몫인 것을!

나는 8월 중순 경에 귀국할 예정이다. 나의 영국 생활은 예나 지금이나 평안과 고적의 연속인데, 철저히 약속과 계약에 따라 살아가고자 하는 영국 사람들의, 어떻게 보면 민주주의가 몸에 밴, 또 어떻게 보면 비인간적일 정도로 사무적인, 생활 방식과 태도가 한편으로는 의미 있는 시사를 던져 주는가 하면, 다른 한편으로는 거부감을 안겨 주기도 한다. 우리 한국 사람들은 약속이나 계약에서 '자유롭게' 살아가기에 너무나 익숙해져 있으니까.

창열 군이 나의 술 걱정을 또 하는데, 그렇잖아도 나 나름대로 생각이 있다. 특히 한국 사회에서, 나 같은 사람이 술과 담을 쌓고 지낼 수는 없는 일, 어차피 피치 못할 '운명'이라면 내 쪽에서 '선수'를 쳐서 술의 완급을 조절하는 것이 아무래도 최상의 방편일 것 같다. 그래서 요즈음은 평안 속의 고독을 벗 삼아, 처자식을 '안주' 삼아, 술의 완급 조절 연습을 시도해 보고 있다. 그 효과를 기대해 보시라!

이제 돌아갈 날도 얼마 남지 않았는데(요즘은 한국에 돌아가고 싶은 마음과 돌아가고 싶지 않은 마음이 서로 뒤엉켜 싸우고 있다. 애들은 물론 하루빨리 돌아갔으면 한다. 그들에겐 골치 아픈 조국의 현실이 아직 '현실'이 아니기 때문에.), 돌아가서 8월 말이나 9월쯤에 소주 '한잔' 오랜만에 오붓하게 나누기로 하자. 이만 맺는다.

1998. 6. 25. 케임브리지에서

현청 군에게

1
파리 한 목숨 못 죽이면서
세상 모두와 싸우는 사람

시대의 흐름을 거스르면서
한 시대 앞서가는 사람

그러나 남과의 싸움에 앞서
자기와의 싸움에 깊숙한 사람

뿌리에서 비극적인,
따라서 희극적일 수 있는 사람

바탕이 녹색,
그래서 적색일지 모르는 사람.

2
현실적인 '시인' 여부와 관계없이,
손, 머리, 가슴이 아니라,
온몸으로 '시'를 사는 인간.
　　　　　　　— 자작시「시적 인간」

「시적 인간」을 현청 군이나 나나 좋아하고 또 온몸으로 껴안고 싶지만,

세상 돌아가는 이치가 또 그렇지를 않으니,
실로 고통스런 일이다.
자식이 운동권 학생이라 이해를 하면서도,
늘 자식 염려를 가슴에 안고 살아가는 부모의 심정이,
운동을 하라 할 수도 마라 할 수도 없어서,
자식이 시위 대열의 맨 앞도 맨 뒤도 아닌,
중간쯤에 서 있어 주기를 바라듯이,
'시적 인간'을 아끼면서 옆에서 바라보는 자의 심정도
언제나 안쓰러움으로 가득할 수밖에 없는 것이리라.
현청 군을 바라보는 나의 심정도 부모 심정과 크게 다르지가 않아서,
현청 군을 생각하면 아득한 마음이 없지 않다.
아무쪼록 모든 현실적인 고려 사항들을 일단 괄호 속에 넣고,
'비시적'이고 따라서 몹시 '현실적'인 삶을
한 번 시작해 보는 것도 괜찮을 성싶다.
여러 면에서 '눈높이 조정'도 필요할 것이고,
자기 엄격도 어느 정도 느슨하게 풀어 줄 필요가 있을 것이다.
어느 땐가 때가 되면,
다시 눈높이 조정을 할 수가 있고
또 '시적'인 삶을 나름대로 추구할 수 있는 것이니까.
나는 얼마 전부터
'술로부터의 해방'으로부터 거꾸로 해방을
슬며시 추구하고 있는 셈인데,
아일랜드 출신 기네스 흑맥주가
무척 마음에 든다고나 할까.
일종의 '현상학적 환원'의 공간에서 살다 보니

마음이 전반적으로 화평하고,
여러 가지 것들이 정리되어
이전보다 훨씬 명료하게 보이는 느낌이다.
또다시 아무쪼록,
'비시적'인 삶의 시도를 슬쩍 권해 본다.

―――――――――

현청 군에게

윌리엄 모리스라는 사람, 들어보았는지 모르겠네.
19세기 영국 사람인데, 규정하기가 쉽지 않은 인물이지.
섬세한 시인이고, 화가이고, 실내 장식가이고, 디자이너이고, 몽상가이고…….
후년에는 열렬한 사회주의자였고…….
뭐라고 한마디로 꼬리표 붙이기 힘든 팔방미인이었는데,
영국에 와서 나에게 헌 책 사 모으는 취미가 생긴 바,
크롬웰, 밀턴, 블레이크, 셸리, 예이츠 등과 더불어
주요 수집 대상에 드는 인물이다.
무엇이 나로 하여금 이 사람에게 끌리게 하는 것일까?
아마도 그에게서 짐작되는 어떤 순정함이나 순수함,
혹은 '시적'인 어떤 특성이 아닐까 싶다.

이 지점에 이르러 그에 대한 질투 비슷한 감정이 슬며시 고개를 쳐든다.
무엇보다 그는,

민주주의나 인권이나 경제력 등등에 있어서
상대적으로 진전된 나라에 태어났었고,
또 그 중에서도 유복한 가정에 태어나,
돈 걱정 할 필요가 없었다.
말하자면 하고 싶은 일 하면서 여유 있게 살아갈 수 있는 조건을
부모에게서, 나라에게서,
축복처럼 받은 것이지.
그래서 사심 없이 예술의 삶을 살고,
튼튼한 물적 토대 위에서,
사회주의 운동을 계속할 수 있었는지 모르지.

현청 군은 어떠한가?
한국에서 '시적 인간'으로 살기가?

'시적' 삶을 떠받쳐 줄 수도 있을 '산문적'인 문제,
직장 문제는 어떠한지 궁금하다.
아직도 부모님께 손 내미는 처지는 아닌지?
혹시 그렇다면,
무슨 일이든 우선 시작해 보길 권하고 싶다.
일이 손에 잡히지 않을 때일수록,
역설적으로,
손에 무슨 일이든 잡고 있어야,
다음 일도, 다음 일도, 기약할 수 있는 것이니까.

「운문 일기」 한 편으로 마무리를 대신한다.

사랑스런 제자 선영에게

오랜만에 편지 받아 보니 무엇보다 반가움이 앞서고, 선영이가 이런저런 어려움 속에서도 '그럭저럭' 잘 지내는 것 같아서 더욱 반갑다. 국문과 강의를 흥미롭게 듣는 것도 반갑고, 비나리 후배들을 선배인 듯, 선배 같지 않은 듯, 잘 다독거리는 것 같아서 또 즐겁다.

김대중 씨가 야당 출신 같지 않은 야당 출신 대통령이라, 나라가 별로 달라지는 것도 없지? 하긴, IMF 시대에 누군들 나라를 신나게 제대로 이끌어 가리요? 인제대 사정도 덩달아, 아니면 어떤 세력에게는 얼씨구나 싶게, 비비비비 꼬여 있겠지? 학생회 건설에 관한 상황들이 그런 것들을 요약해 주는 셈이겠지? 아무튼 글쓰기와 비나리 후배들 이끌고 다독거리기 계속 잘해 주기 바란다. 미래 설계에 관한 일도 물론이고.

나의 이곳 생활은, 이따금 지겨울 정도로, 평안과 고독의 연속이다. 평안과 고독 속에, 그대는 꽃을 마시는가, 꽃을 마시는가? 물론 기본적으로는 그 평안과 고독을 나름대로 향유하고 있다는 사실이 전제되어 있다. 그래서 부리나케 돌아갈 생각은 없고, 슬슬 8월 중순경에 귀국할 예정이다.

'사랑'은 인류의 영원한 숙제. 사랑 속에 머무르기와 사랑 밖으로 밀려나기 중에서도 후자가 더욱 그런 셈. 나름의 '여유'가 있어서, 사랑 잃은 자의 입장이 한번 되어 보았다. 내가 써 본 최초의 실연의 시, 한두 편 보내 본다. 선영의 '입맛'에는 어떨지? 편지는 갑자기 여기에서 끝난다. 나는 원체가 말이 짧은 사람이다. 짧게, 안녕.

비나리의 전설, 혹은 르네상스를 위하여
— 선영에게

아직도 썰렁한가, 비나리마저 썰렁한가?
바람이여, 썰렁한 바람이여,
겨울이 오면, 그러나 시인에게,
봄 또한 멀리요?

오랜 세월 준비된 겨울,
오랜 세월 예고된 한파.

개발 독재 혹은 군사 독재에서 문민 독재까지,
취한 독재자와 말 없는 다수의,
기이한 결혼의 기이한 자식,
또는 입 없는 묵종이
친자 확인할 수밖에 없는 저주받은 자식,
아이 엠 에프I am F 한파, 낙제점의 자식.

비나리에 입이 없지 않았으니,
열정이, 술이, 분노가, 노래가, 없지 않았으니,

허기진 보름달이 뜨면, 장학금 못 탄 소가 울고,
가녀린 감자 싹은 한쪽에서 생명을 노래했다.
강둑에서 어머니 외치는 병사의 고독한 절망 옆에
풀꽃 아버지의 따스한 달동네가 있었고,

빗자루 대신 11자 자가용 타고 나는
흑발 마녀 큰 발 곁에는,
김영삼 대통령을 누구보다 '존경하는'
어린 여장부의 꿈이 있었다.

세상과의 싸움도, 자기와의 싸움도,
견자見者의 눈도, 제작자의 손도 없다면,
비나리는 무엇인가.

노래하라 뮤즈여, 해가 가고 해가 온다,
노래하라 뮤즈여, 야누스 얼굴의 비나리를 ,
혹은 두 얼굴의 선영을,
그 얼굴에는 비나리의 전설이 적혀 있고,
비나리의 새 얼굴이 비치나니,

노래하라 뮤즈여, 그러나 전설보다도,
썰렁함보다도, 비나리의 새봄을 노래하라,
르네상스를 노래하라,
젊은 태양을, 선 영Sun Young을, 노래하라.

―――――――

우리 이쁜 비나리 친구들

모두 모두 안녕?

좋은 시에 대한 사랑,
그리고 우리와 유사한 고난의 역사를 가진
아일랜드라는 작은 나라에 대한 관심이
나를 예이츠라는 아일랜드의 큰 시인에 대한 관심으로
이끌었는지 모르겠는데,
예이츠의 초기 시에서 가장 널리 알려진
「이니스프리의 호수 섬」의 그 호수 섬을 찍은 사진이
바로 이것.
언제나 그렇듯이, 시를 통해 상상해 본 것과는 달리,
'별 볼 일' 없는 풍경이지?
모든 것이 그렇지, 의미 부여하기 나름.
장소도, 사람도, 나라도, 민족도, 시대도,
주체가 거기에 어떤 의미를 어떻게 부여하느냐에 따라
커지기도, 작아지기도, 불멸의 것이 되기도, 무화되어 버리기도 하는 것.
동봉한 사진은,
너무 보고 싶어 하는 사람(?)이 있을 것 같기도 하고,
또 한국에서는 보기 힘든 수염도 붙어 있고 해서,
보내 보는 것이고,
두어 편 운문을 보내는 것은,
내가 게으르게만 살고 있지 않다는 사실을
'경각' 시키려 함인지 모르겠다.
사랑하는 사람의 걱정은 많은 경우
기우杞憂이기 십상,
나의 술 걱정하는 사람들의 경우가 바로 그것?
애석하게도, 나는 이곳에서

동무가 없으니 강제로 술에서 해방,
돌아가서 '술 선생' 할 수 있을지 우려된다.
(이것도 기우?)
늘상 하는 일이 책장 넘기기, 그리고 틈틈이
운문 연습이니, 이 버릇 고착되어,
인제대에서도 백면서생 되지 않을지 모르겠네?
아무쪼록,
선배 된 사람들은 눈물 백 가지 머금고
후배 잘 이끌면서 보살펴 주고,
후배 된 사람들은 선배 말이 틀렸다 싶을 때라도
다시 한 번 생각해 보는 존중의 미덕을 길러 가고,
그래서 남들의 질투를 사는 '시기의 동아리'를,
손잡고, 발 잡고, 머리 잡고, 가슴 잡고, 눈 잡고, 입 잡고,
맹글어 가기를 바라노라.

─·─·─·─·─·─

새 천년의 비나리

비나리 비나리
열두 살 먹으며
새 천년을 앞당긴다

비나리 비나리
드넓은 민족 바다, 광활한 민중 바다

세찬 노 저어 왔다
비나리 비나리
민족의 파수꾼, 민중의 연인으로
검푸른 시의 바다
에헤라 노 젓는다
술 바다 사랑 바다 열정 바다 시 바다
비나리 비나리
새 천년의 비나리
파도처럼 들꽃처럼
에헤라 말의 바다
새 천년의 비나리
에헤라 글의 바다
말 노 저어 글 노 저어
새 천년을 나아간다
비나리 비나리
새 천년의 비나리
정인情人의 가슴으로
에헤라 노 저으며
새 천년의 비나리
연인의 가슴으로
에헤라 나아간다

싯푸른 비나리
새 천년의 비나리
넘실대는 말 바다

우글대는 글 바다
비나리 비나리
비나리 비나리
— 임하소서, 시여 오소서!

        1999. 12. 13.

사랑스런 제자 황옥 양에게

황옥 황옥 황경옥
눈에 따다 물고요,
하우 하우 하우 아 유
봄나들이 편지 가네.

무슨 일로 심란한지 모르겠으나
경옥 양의 학년이 벌써 3학년이라,
어지러운 세상 일이랑
졸업 후 세상 나갈 일이랑
걱정되는 것이 한두 가지가 아니겠지.
그러나 미리미리 골머리 싸매고 걱정할 필요는 없는 일,
순간 순간 주어진 일에 최선을 다하다 보면
미래의 모습도 조금씩 구체화되어 나갈 것이니,
우선 공부에 충실하고 볼 일,
왜, 황옥은 공부에도 '황옥'이 아니었던가?

지난 여름방학 때 교정에서 마주친 일,
그렇게 노심초사할 필요가 전혀 없었던 일.
회상해 보면, 나로서는 그때 잠시, 순간적으로,
'학생들이 대개 나를 벌써 떠난 걸로 알고 있구나',
하는 정도의 생각만이 얼핏 스쳤을 뿐,
기분 상할 일은 하나도 없었으니,
그 일에 대해서는 걱정 꽉 붙들어 매시라.
난 '황옥 편지'를 받고서,
이렇듯 떠나 있는 나를 생각해 주는
이쁜 제자가 있다는 사실이 그저 좋을 뿐이요,
또 선생 역할을 잘하지도 못한 것 같은데
그래도 나에게 정신적으로 의지하는 제자가 있다는 사실이
그저 기분 좋은 일일 뿐.

학과 조교 선생에게 보낸 답장을 읽어보지 않았다면,
거기에 실어 보낸, 영국에서 나 홀로 흥얼거려 보는 자작의 '노래' 한 곡,
들어보실까?

그대는 꽃을 마시는가
꽃을 마시는가

사랑하던 것들
저만치
소중하던 것들

저만치

미워하던 것들
절망하던 것들
저만치,

겨울비 속
캠 강변
낮은 목소리의
이름 모를 낯모를
사람들 사이

홀로이
말없이
술에서 해방,
반쯤 낙동 꿈꾸며

그대,
무슨 꽃을 마시는가
무슨 꽃을 마시는가.
　　　　　　　　－ 자작시「그대는 꽃을 마시는가」

나는 이번 8월에 돌아갈 예정인데,
아무쪼록 그때까지 밝은 마음으로 열심히 공부하고
2학기에 '화사한 술자리'를 한번 가져 보자꾸나.

(나의 술과 건강 걱정에 관해서라면,
그 또한 걱정 꽉 붙들어 매시라.
위의 '노래'에도 암시된 것처럼,
이곳에서는 술동무가 없어서 '술건강'이
너무 좋아졌거든. 나는 원래 동무가 없이는
거의 못 마시는 체질이라서.)
그럼, 봄바람이 흘러가고,
여름 소나기 내리붓고,
이윽고 9월이 오는 소리
나직나직 들려올 때를 기약하면서,

　　　　　　　　1998. 5. 12. 케임브리지에서

―‧―‧―‧―‧―‧―

사랑스런 제자 황옥 양에게

황옥은 그 어디에, 루비 산호 필요 없다.
사파이어 다이아몬드, 가질 사람 가지시오.
이 몸에 필요커니, 오직 황옥뿐이거니(?).

황옥, 혹은 부끄러움의 여자

외양과 실재 사이
거리는 그 얼마?

속 보기 전
사람 판단 없는 법,
속사람,
글에서 배어나는 법.

보라, 황옥을,
황옥 아니 그러한가.
활달한 겉모습,
호기로이 만주 벌판
말이라도 휘달릴 듯한
말괄량스런 황옥을.

그러나 글 가만 들여다보면
섬세의, 다소곳의,
아니 아니
부끄러움의,
'여자' 다운 여자.

아 황옥이여,
상기 또래 사랑 안 빠져,
'무인도' 꿈꾸는 황옥이여,
셰익스피어 '템페스트',
그 무인도의 미란다,
미란다처럼?

그러나 무인도에
속수무책 태풍 불어 닥칠 때,
해풍의 머리카락 휘날리며,
멋진 신세계,
멋진 신남자,
신나게
끌어안을,
꿈꾸는, 꿈꾸는,
섬 미란다처럼.

선생 향한 사랑,
신남자 향한 사랑,
함께 설 수 있는 법,
공부 향한 사랑 또한
함께 설 수 있는 법?

이윽고 열정의 태풍
한번 불어 닥칠 때,
세 갈래 네 갈래 사랑
서로 싸우면서,
찢기면서,
앞서거니 뒤서거니,

오, 그때의, 그때의,
그대,

즐거이 경황 없을
경황옥이여!

      1998. 6. 6. 케임브리지에서

—·—·—·—·—·—·—

꿈꾸는, 꿈속의 미란다

바쁜 일 있어 행복한,
오, 미란,
눈 빠질 듯
몇 달
행방 묘연한 편지
기다리고 기다리게 한
오, 미란,

그리하야 막바지에
기쁨 가져다준 오우, 미이라안,

이 몸은 8월의 한가운데를 날아
김해에 도착할 예정,
그 얼마 후 만덕에서
해운대 나들이 해봄이 어떨지,
오우, 미란다?

미란, 미란, 오, 미란,
미란다, 그대 꿈꾸는
섬의 공주여

큰바람 상기 불지 않아,
아비 마술 불어치지 않아,
인간 남자 안 부닥쳐,
그대, 오, 상기 시원始原의 여자,
원시의 여자여

Prospero 마법 불어 닥쳐
멋진 신세상,
용감 신남자,
O, Brave New World!

끌어안을
그대, 그러나 아직,
무인의 바닷가?

공기의 꿈

잠자는 섬 속
오, 노인탈 미인이여

셰익스피어 더불어

'Tempest' 불어 닥칠 때,
멋진 신남자 이윽고
그대 해풍의 머리카락
움켜 안을 때,
봄바람스레, 상글상글,
신세상 항해할
Miranda,
미란, 오!

그때, 오, 이윽고
미란 미란 오 미란
눈에 따다 물고요,
How How 하우 리
여름비 나들이 夏雨 李?

―・―・―・―・―

진영에게

나라 위해 할 만큼,
겨레 위해 할 만큼,
투옥에, 출소에, 복학에,
멀지 않은 졸업?

어이 아니 기쁘리,

아니 어이 춤추리,

몇 달 후의 소주,
기약하고 또
기억한다, 지금.

고주연에서 강주연으로?

서양식으로 한다면,
나를 많이 사랑했으니까,
이주연이 될 수도 있었을지도 모를
(망상은 해수욕장, 공상은 자유니까)
한주연! 그립다 말을 할까 하니 그리워!

그대, 영문 모를 인제 영문,
가정의 천사여, 보내 준 선물
그립게 받았는데, 그, 그, 뭐랄까,
최근에 남편 바꿨다면서?
고정석 걷어차고 강단 피리 부는 중으로?
(하긴, 한주연도 될 수 있고
고주연도, 강주연도, 송주연도,
또 무슨 주연도 될 수 있는 주연이니까,
말하자면 고정석이 아니라 이동석이니까)

시용연이랑, 최명형이랑, 상기도
한 방 쓰는가?

주경수가 최근
자주 부르는 노래 한 곡,
컴퓨터로 뽑으면서
이주연과의
아름다워서 뜨거운,
여름을
기약할까 하노다.
        — 시 「그대는 꽃을 마시는가」 생략

—·—·—·—·—·—

시들

이제 이국 풍경도 이국 풍경답지 않고,
이국인도 이국인답지 않고,
책방 순례도 시들, 기네스 맥주마저 시들,

남은 것은 내 방에 감금되어 책장 넘기기,
그리고 고탑의 시인과 씨름하는 일,
뿐? 아— 이 시들!

—·—·—·—·—·—

176 우리 시대의 두 얼굴

동혁은 어디에

상록수를 심자,
우리 깊은 맹서

상록 숲속의
우리 푸르른 꿈

변색 없는 탈색 없는 상록수,
내내 푸를 상록수

그러나 동혁은 어디에,
채영신은 어디에?

―·―·―·―·―·―

축하드립니다

박동혁이라 불러야 할지,
석인선이라 불러야 할지,
아니면 박인선이라, 혹은 석동혁이라 불러야 할지,
알 수 없는 한 자웅동체분께
뒤늦게 또 보내드리는 축하.

축하가 많아서 탈 날 일은 없겠지요?
아, 그리운 이대, 그리운 이대,
이 몸에게도 그리운, 꿈의 이대여!

두 분은 어차피 자웅동체,
강의도 돌아가면서 하심이 어떨는지요?
아니면 석인선 강의에 박동혁 특별 초빙 강사가
한 학기에 한두 번 출연하심이 어떨는지요?
(부산여대 박령 강의에 이경수 특별 강사가 출연하여
열화와 같은 환호와 기쁨과 관심을 주고받은 적이 있습니다.)
그런데 문제는 역시, 박동혁 강의에 석인선 초빙 강사가
출현할 날이 하루빨리 찾아와야 하는 건데,……
여하튼 전반적으로 행복하게 지내시리라 믿습니다.

저는 '술과 사람들'로부터, 혹은 '사람과 술들'로부터
강제 해방 당하여, 오랜만에, 실로 처음인 듯,
정원의 나라에서, 자주 소들도 보고, 말들도 보고, 사람 전혀 겁내지 않는
개들도 보면서,
'가축적'인 살림을 살아보고 있습니다. 박령은 그야말로 '살 판' 난 거지요.
저는 그래도 가축으로만 살 수는 없어,
이따금 사람이 그립고 술이 그리운 듯,
창 밖을 내다보며 "그대는 꽃을 마시는가"라는 노래를 불러봅니다.

(시 생략)

식구들(주로는 박령)의 열화와 같은 성화에 힘입어
경치 좋은 스코틀랜드 일 주일, 워즈워스의 호수 지방 또 한 일 주일,
예이츠와 조이스 등등의 아일랜드 또 한 일 주일,
그리고 잉글랜드 내의 이곳저곳 한 며칠씩 돌아다닌 후
얼마 전에는 파리도 며칠간 다녀왔습니다.

*

바통을 넘겨받았습니다.
박석 선생님들, 저 재륭 엄마입니다.
지난겨울 이후 한국에서 들려온 소식은 늘 우울했었는데
오랜만에 기쁜 소식을 전해 주셔서 정말 감사합니다.
석 선생님 취직 소식에 마음 깊이 큰 행복을 느낍니다.
더구나 모교에 취직하신 것 정말 축하드립니다.
이제 두 분의 고생이 끝난 것 같아 속이 시원합니다.

저희는 이곳에서 잘 지내고 있습니다.
지금은 이곳 풍경이 낯익어서 무덤덤한 생활이지만요,
처음 몇 달 간은 실로 온가족이 색다른 행복을 느끼면서
아주 잘 지냈습니다.
이제 두 달 후면 귀국이라서 돌아가서 공부할 거리를 준비하느라고
종종거리면서 하루하루를 보내고 있습니다.
재륭 아빠도 학위를 받기 위한 과정을 뒤늦게 겪느라고
좀 무거운 날들을 보내고 있습니다.
돌아가서 뵙게 될 날을 꿈꾸겠습니다.
늘 건강하고 행복한 날들이기를 바랍니다.

— 1998. 6. 10.

사랑의 흐흐흑발 마녀

사랑의 흑발 마녀,
내 첫사랑 이야기에
마음 상한 흑발 마녀,
영영 나를 떠났는가 생각했더니

그게 아니었나?
상기도 나를 사랑하는,
여전히 내가 사랑하는,
내 사랑 흐흐흑
<u>흐흐흐흑</u> 발 마 녀

나 이제 술과 이혼했는가 했더니
사랑의 흑발 마녀
나에게 사랑의 술병 엽서
날려 보내었네

술병이여 술병이여
술병의 사랑 엽서여
술병의 사랑 흑발 마녀여

끝없이 보고 싶은!

      — 1999. 12. 25

주례사

오늘 신정섭 군과 백민정 양의 결혼을, 진심으로 축하합니다. 이상.

너무 짧습니까. 그럼, 조금 더 하겠습니다.

신랑 신정섭 군과 신부 백민정 양은, 인제대학교 영어영문학과에서, 그리고 문학 동아리 비나리 문학회에서, 그렇게 만났습니다. 저는 인제대 영문과 교수로서, 그리고 비나리 문학회 지도 교수로서, 두 사람의 사랑이 움트고, 싹을 내밀고, 차츰차츰 자라서, 마침내 오늘의 꽃을 활짝 피우게 된 과정을, 혹은 가까이서, 혹은 멀리서, 즐거운 마음으로, 지켜보았습니다. 그리하여 두 사람은, 결혼의 열매를 반드시 함께 나누어 가져야 한다는, 나름의 결론에 도달할 수밖에 없었습니다. 아들딸 풍성하게 낳기를 기원합니다.

신랑 신정섭 군은, 현재 경기도 성남에서, 자신의 적성을 살려, 한 중견 회사의 유능한 컴퓨터 프로그래머로 일하고 있습니다. 신부 백민정 양 역시, 성남에 있는 노동부 산하의, 근로복지공단에서, 열심히 일하고 있습니다. 앞으로 두 사람에게 많은 발전이 있기를 기원하면서, 또 두 사람의 발전이, 우리 사회의 발전에 의미 있는 이바지가 되기를 기원하면서,

먼저, 페미니스트적 기미를 상당히 내보이는, 신부 백민정 양에게, 질문을 하나 던지기로 하겠습니다.

신랑 신정섭 군은, 이해심 많고 너그럽고 포용력 있는, 말하자면 호남 스타일인데, 백민정 양은 남편을 박박 바가지 긁어, 공처가로 만들지 않을, 자신이 있습니까? 없다면, 이 주례사 여기서 그만 두겠습니다. ( )

다음은, 신정섭 군에게 질문을 하나 던지겠습니다. 신부 백민정 양은, 재능 있고 지적이고 독립심이 강한 여성인데, 신정섭 군은 백민정 양을 아내로

맞이하여, 아내의 재능과 독립심을 손상시키는, 가부장적 독재자로 군림하지 않을, 자신이 있습니까? 없다면, 주례사 여기서 그만 두겠습니다. ( )

예, 이렇듯 두 사람 모두, 민주적인 부부로, 알뜰살뜰 살아가기로, 굳게 맹세하였습니다. 굳은 맹세의 가시적인 표현으로, 두 사람, 손을 꼭 잡아 주세요. ( )

이제, 손에 손을 꼭 맞잡은 두 사람에게, 하늘의 축복을, 불러 내리도록 하겠습니다.

하늘이시여, 오늘이 있기까지 두 사람을 지켜 주시고, 신정섭 군을 이렇듯, 듬직하고 유능한 아름다운 청년으로 키워 주신 데 대하여, 또한 백민정 양을 이렇듯, 믿음직스럽고 성숙한 아름다운 여성으로 키워 주신 데 대하여, 두 사람의 가족과 친척과 친지들과 친구들과 선후배들을 대신하여, 마음 깊이 감사드리옵니다.

하늘이시여, 지금까지처럼 앞으로도, 두 사람의 앞길을 환히 비추어 주시옵고, 두 사람의 아들딸 또한 두 사람처럼, 시의 마음을 가진, 아름다운 인간으로 성장하도록, 허락하여 주시옵소서.

그리하여 이 두 사람이 손에 손잡고, 부부로서 넘어서는 안 될 선을, 생각과 말과 행동에서, 결코 넘지 않으면서, 그리고 언제나 시의 마음을 잃지 않고서, 이 추운 세상, 보다 따뜻하게, 보다 아름답게, 보다 풍성하게 살아갈 수 있도록, 허락하여 주시옵고, 그리하여 두 사람의 일생이, 세상의 귀감이 되는, 아름다운 일생이 되도록, 허락하여 주시옵소서.

"허락하노라"
감사합니다. 이상입니다.

정자여 날아가라
— 한 제자의 결혼을 축하하여

　정자와 나는 정자에 함께 오른 적은 없으나 우리 둘은 서로 많이 사랑하였습니다 해운대 백사장에서 구포 둑에서 학교로 오는 스쿨버스 속에서 학보사 속에서 학교 앞 술집에서 캠퍼스 곳곳에서 우리 둘은 만났고 또 많은 사랑을 나누었습니다
　이 말은 환길이의 말이 아니고 나의 말입니다 환길이야 어쩌면 화가 좀 치밀지 모르겠지만 이 좋은 날 정자의 과거를 말하지 않는다면 앞으로 언제 그런 날이 다시 오겠습니까
　나는 정자를 사랑하였습니다 정자는 나를 사랑하였습니다 나는 정자를 사랑하겠습니다 정자는 나를 사랑하겠습니다
　환길아 참아 다오 정자를 향한 너의 사랑이 CC Campus Couple적 사랑이요 PC Press Couple적 사랑이요 동지적 사랑이라면 이 넓은 세상에는 남녀 간의 사제적 사랑이라는 것도 있지 않겠느냐

　　그리하여 정자여 사랑하는 정자여 아쉬운 정자여
　　날아가라
　　환길이 융융넉넉 동지사랑 하늘 속으로,
　　탈脫가부장제 드넓은 창공 속으로,
　　탈脫자본주의적 인간관계 싯푸른 하늘 속으로!

　　그리하여 너, 나는 정자여,
　　나는 정자의 반짝이는 앞날들이여,
　　빛나는 정자의 후예들이여!

어느 혹성 왕자의 蕩界通信

아바마마, 제가 지구별에 온 지
어언 26성상星霜이 흘렀습니다
아름답고 신기합니다
마마께옵서 먼 옛적 제게 가르쳐주신
지구별 낭만시 이론에 따르자면
저 또한 이곳 지구의 낭만 시인인 듯합니다
모두가 새롭고 아름답고 신기하고 그립습니다

이 별에서 여러 곳을 다녀 보았지만
대한민국이라는 조그만 나라
특히 빛나는 금바다에 자리한
인제대라는 아담한 대학이 인상적입니다
정직 성실 근면의 뜰에서
미래의 동량을 튼튼히 길러 내고 있습니다
'인덕으로 세상을 구한다仁德濟世'는 정신을 가진
설립자 중 한 사람은
상기 사심 없는 절대의 권좌에 앉아 있습니다
사심이 없으니 절대가 가능한 것일까요

자연과 생명과 인간을
존중하는 이 대학에서 또 한 가지 특기할 건
영어 이야기를 많이 나눈다는 것입니다
덕분에 저도 조금은 편하게

의사소통 생활을 하고 있습니다만
제가 우리별에 있을 적 마마께옵서는
입버릇처럼 영어와 컴퓨터의 의미를
강조하시지 않으셨습니까
어느 특정 나라의 언어가 아니라
지구어 global language 혹은
우주어 universal language로서
영어의 미래적 힘을 누누이
말씀하시지 않으셨습니까
그러하온데, 한 가지 알 수 없는 일은
잉글리쉬 캠퍼스 인스티튜트
English Campus Institute,
이것이 무슨 말인지 무슨 뜻인지 알 길이 없습니다
이것은 인제대가 지향하는 바
민족의 대학, 세계의 대학, 우주의 대학으로서
대학의 위상에 관계되는 일이겠지요

자연 사랑 생명 사랑 인간 사랑으로
또 우주 사랑으로
찬란히 꽃피어 날 이 대학에
아바마마, 저는 이미 입학하였습니다
신기한 지구인으로 활짝 피어나고 싶습니다
등록금 넉넉히 좀 부쳐 주십시오

인제대 영문과 사은회 2001

내 사랑하던 것들 언제나처럼 내 곁을 떠나고
별안간 바람 부는 강둑을 만난다
물새들이여, 너희는 어떻게 만나고
어떻게 헤어지느냐 또 만나느냐

교수님 울지 마세요
저희들은 물새들이 아니잖아요
또 저희는 영원히 교수님 가슴 속
별로 남아 있을 거잖아요

알겠다 여진별 미란별 미니 별들아
너희들 반짝이니 내 눈물 닦고 울지 않을래
대신 지금 당장 부탁이 하나 있다 들어주련?

네―

―・―・―・―・―・―

A View from the Bridge
― 인제대 영문과 11회 연극 공연에 부쳐

오늘밤 우리는 별이 되었네
한여름 붉은 땀 먹고

가을 밤하늘 붉은 별들이 되었네
다리에서 바라보면
옹기종기 총총한 밤하늘,
우리들의 가을하늘이네

고정석 없어 쓸쓸하였던 우리들,
고정석 없어 가난하였던 우리들,
고정석 이동석 되어
아메리카 밤하늘 반짝일 때
이동성 아닌 고정성 그리며
연극 고파 사랑 고파
술 고파 별 고파
인제 벌판 썰렁하였던 우리들

오늘밤 비로소 반짝이는 별들로 모였네
고정별 끌어안고 눈물 반짝이는
가을 밤하늘 붉은 별들로 모였네
붉은 별무리 춤추는 우리들,
하나 되어 외치는 소리

Fixed Star, 너 영원히 우리 고정석이어라!
RED, 너 인제 영문 영원한 붉은 별무리어라!
English Department, 인제 영문, 인제 영문,
영원히 붉은 인제 English Department!
And all of us, forever, young and passionate!

우리 인제 성년의 별

온 나라 인재 모여
하루 달리 푸르름 더해 온 우리들,
인제 푸른 캠퍼스 안팎
밥자리에서 술자리에서 노래 자리에서
옹기종기 별놀이, 정겨운 손에 손잡네

강원도 지나
경상도 인제 뿌리박은 우리들,
인제 성년 지나 오늘밤 기어코
신어산 차고 올라
탕탕蕩蕩 하늘 총총 별무리 반짝이며
파랑 우주 파랑 지구 꿈에 젖네

오늘 우리 뒤집어쓴 사랑의 백가루
오늘 언니 동생 나눈 우리들 사랑의 녹색주
오늘 우리들 더불어 돌리는 별들의 사랑 합창
(춤)

인제 사랑 삶 주인 나라 겨레 사랑 삶 주인
우리 새내기 별들, 이 밤
그리운 푸른 주체 힘 모두어
내일 첫 팔매질 던질 한 표 한 표들,
그예 이 나라 별천지 만들며

탕탕 하늘 사랑 하늘
성년춤 추게 하겠네

성년의 별

오늘밤 우리는 별이 되었네
온 나라 인재 모여
하루 달리 푸르름 더해 온 우리들,
인제 푸른 캠퍼스 안팎
밥자리 술자리 노래 자리에서
옹기종기 손에 손잡고
푸르른 별무리 솟아오르네

강원도 인제 지나 경상도 인제 하늘 탕탕蕩蕩
별무리 춤추는 우리들, 관례冠禮 없어도
신어산 한라산 백두산 굽어보며
태평양 인도양 대서양 넘실대는 파랑 물결 너머,
파랑 지구 꿈 너머, 우리 새내기별들,
이윽고 파랑 우주 성년의 꿈,
온몸의 푸르른 꿈노래 부르네

오늘 우리가 받은 사랑의 백가루
오늘 우리가 언니들과 나누는 사랑의 녹색주

오늘 우리가 더불어 합창하는 사랑의 청노래

인제 우리를 우리의 주인으로
인제 우리를 나라 겨레 세계의 주인으로
인제 우리를 녹색 우주 주인으로
올 곧추 세우며 옹골찬 푸르름 더하네
천지 사방 별천지 만드네
별천지 만드네
(우리에겐 왜 아직도
대통령 선택권이 없나요?)

삼가협三歌協 시인 이경수 선생을 추도하며

장희창_동의대 독문학과 교수

군사정권의 서슬이 퍼렇던 1990년대 초반의 부산대학교 운동장, 천여 명의 학생과 시민들이 모여 있다. 독재 타도! 함성이 금정산 자락의 공기를 뒤흔드는 가운데 막걸리 냄새를 풍기며 한 서생이 연단에 오른다. 삼류三流가수 협의회 회원임을 자처하며 한 곡조 뽑는다. "노가리(=노태우) 손―잡고 벽을 넘―어서 우리 사는 세―상 민주주의 되도오오록……" 신자유주의의 신호탄인 양 온 천지에 울려 퍼지던 올림픽 노래, 그 가사를 비틀어 버린 개사곡에 청중들은 포복절도 넘어간다. 긴장감 팽팽하던 정치 무대가 졸지에 축제의 장으로 돌변한다. 교수가 저래도 되는 거야. 저 양반 안 잡혀가나. 이 대담무쌍하고 발칙한 개사곡과 관련된 광경은 입에서 입으로 전해져 지금은 전설이 되었다.

교육 운동의 현장에서 문화 운동의 난장에서 술도 마시고 시도 짓고 노래도 하던 이경수 선생. 그는 올해 3월 16일 쉰하나의 나이에 우리 곁을 떠났다. 그는 무엇보다도 항구도시 부산의 문화판을 풍미한 술꾼이었다. 마시다 토하면 입을 헹구고 와 다시 마셨다. 일어설 때 술이 남아 있는 잔들이 보이면 다 들이마시고 자리를 떴다. 술잔 위로 오고갔던 푸념과 근심과 갈등을 모조리 마셔 버렸다.

그와 술자리를 함께 했던 친구들이면 한두 번 당혹스런 경험을 하게 된다. 그가 아무 신발이나 신고 가 버리기 때문이었다. 부인의 전언에 의하면, 그렇게 좌우가 맞지 않는 신발을 한 달 내내 신고 다닌 적도 있다. 그래서 날을 잡아 동네 시장으로 끌고 가 신발을 다시 사서 신겨야 했노라고, 어지러이 얽혀 있는 신발들 중에서 자기 신발을 찾아야 하는 옹색함이 싫었을 것이다. 손수 붓글씨로 써 거실에 걸어 놓은 혜능 조사의 탕탕심무착蕩蕩心無着을 이경수 선생은 그런 식으로 실천하였다. 넓고 넓어 마음에 걸림이 없다. 그 넉넉함을 그는 이렇게 읊는다. "길은 어디에나 / 초행길 / 풋가슴 열고 / 번쩍이며 / 넉넉하게 기다린다."

아내에게는 애먹이는 남편, 아이들에게는 자상한 아버지, 채영의 생일이면 시를 써서 바치던 멋진 아버지, 흥청거리는 춤판에 딸의 손을 잡고 나타나 황소같이 순한 눈을 껌벅이며 쓰윽— 돌아다니던 부산 문화판의 든든한 후원자. 깊이 공감했던 아일랜드의 민족시인 예이츠의 입을 빌어 딸의 행복을 이렇게 빈다. "오만하게 자기주장하지 않고, 증오로 몸과 마음을 해치지 않고, 영혼이 본연의 순수성을 회복하는 삶"이 되기를.

그가 남긴 책 『예이츠와 탑』은 아일랜드 비극의 역사를 응시했던 예이츠의 시 세계를 '지상과 초월의 통합'이라는 관점에서 본다. 통합의 '꿈'이 너무도 치열하면 '현실'이 된다는 논지이다. 논문이 아니라 생의 찬가이며 죽음의 찬가이다.

"시인은 이제 죽음을 무섭지 않은 존재로 길들인다. 평화로운 죽음의 창조하며 그 죽음과 더불어 살고, 죽음과 더불어 삶으로써, 시인은 삶 속에서 죽음을 초월하는 정신의 경지에 이른다." 죽음의 준비는 말하자면 영혼을 벼려 가는 과정이란 말이다. 그러므로 죽음은 악惡이 아니라, "지평선이 흐려질 때 하늘의 구름인 듯" 혹은 "깊어지는 그늘 속 새의 졸음겨운 울음소리인 듯" 평화롭기만 하다. 살아서 죽음을 받아들이니 그 무엇이 두려웠을까.

임종의 병상에 누워 거동이 힘든 상태에서도 그는 교단에서 쫓겨났던 선생들의 복직을 촉구하는 칼럼을 쓴다. 절체절명의 순간에 명약과 명의를 구하는 것이 인지상정이거늘 그는 정의를 더듬어 찾았다. 황우석 교수의 욕망과 지율 스님의 꿈을 화해시키려 하면서 "지율 스님과 황우석 교수가 손을 맞잡고 나란히 웃으며 걸어가는 모습을 상상해 보라"고 호소도 한다. 어처구니없는 인간의 욕망조차 껴안고자 했던 넉넉한 품. 자신에게는 준엄했지만 이웃에게는 한없이 따뜻했던 사람. 고춧가루 묻은 타인의 술잔을 그대로 비우던 사람. "사랑한다 / 간밤 어둠의 깊이만큼 / 내 상처의 단단한 두께만큼."

1955년 경북 의성군 사곡면 음지리에서 태어나, 이웃들에게 빙그레 웃음을 마구 선사했던 그는 지금 경북 군위의 천주교 묘원에 누워 있다. 앉은 채로 선 채로 밤을 새며 마셔 대더니 지금은 누워 있다. 누워 있으되 그의 영혼과 시편들은 꼿꼿이 서 있으리라. 아일랜드 독립을 꿈꾸던 전사들이 언제라도 달려가기 위해 기립起立 자세로 매장되었듯이.

그가 두고 간 가족. 아내 박령 선생, 아들 재륭이, 딸 채영. 그들은 한때 예이츠의 나라 아일랜드를 함께 여행하기도 했다. 소중하고 아름다웠을 시간. 신발을 사러 부인과 손을 잡고 시장에 가기만 한 줄 알았더니, 템즈강변에서 부부가 나란히 자전거를 타기도 했단다. 많은 사람들에게 따스한 에피소드를 남겨 주었던 사람.

이제 우리는 그와 술잔을 나눌 수 없다. 꺼칠하던 수염과 거칠하던 목소리는 이제 보도 듣도 못한다. 신발이 바뀌었다고 그를 원망하던 순간을 생각하면 가슴이 아린다. 내 신발과 네 신발, 나와 너를 섞어 버리고자 했던 그는 이제 자연과 한 몸이 되었다. 무심한 바람에 꽃잎들이 자욱하게 흩날린다.

영원과 현재를 화해시키던 빙그레 웃음

조충경_인제대 영문학과 학생

　봄바람이 살랑살랑 부는 날, 학교 캠퍼스가 온통 노란색 개나리 천지로 변해 오랜만에 선생님과 삼겹살에 소주를 먹고 싶었을 때 선생님은 가셨습니다. 선생님의 부음 소식을 듣는 순간 눈앞에서 큰 별이 떨어지는 듯했습니다. 놀란 가슴을 한동안 진정할 길 없이, 선생님의 모습이 파노라마같이 스쳐 지나가며, 정말 믿기지 않았습니다. 지금도 살아 계셔서 "충경이! 오늘 술 한잔 어떤가" 하시며 전화를 주실 것만 같기 때문입니다. 수업 시간에 학생들이 조금 지친 모습이 보이는 날이면, 선생님부터 시작하여 여러 학생들에게 노래를 시키시면서 학생들의 안부를 묻고 격려하시던 인자하신 모습은 영원히 지울 수 없습니다. 요즘도 가끔 선생님과 함께 불렀던 조용필의 「창 밖의 여자」를 흥얼거리곤 합니다.
　선생님께서 자주 말씀하셨습니다. "예이츠의 묘 비문에는 자신이 직접 썼던, '삶과 죽음을 냉정히 바라보라. 그리고 지나가라!' 라는 글이 새겨져 있다"라고. 저로서는 삶과 죽음의 의미를 상상할 수밖에 없고 그저 수업 시간에 예이츠의 시 몇 편을 공부하고 외우는 정도지만, 지금 제게는 예이츠의 그 비문과 시들만큼 절실히 다가오는 것은 없는 듯합니다.

지난해 말부터는 기력이 많이 달리셔서 목소리를 크게 내시지는 못했지만 그저 반가운 사람과 눈만 맞으면 빙그레 웃어 보이시던 그 모습, 누군들 그 웃음을 잊겠습니까. 파란만장한 삶의 시간을 헤쳐 나오시면서, 혹은 통분하고, 혹은 질주하며, 혹은 영원과 현재를 화해시키려 수십 년간 고투하셨던 선생님의 생애에 가장 큰 힘이 되었던 것이 바로 그 웃음 아니겠습니까.

언어는 대체로 기억의 형식이지요. 세계를 바라보는 태도와 관련해 긍정, 순응, 낙관……, 이런 말들이 있지요. 그런데 인간의 언어란 약속의 체계이고, 기획되는 측면이 있어서 불가불 오해를 사는 경우가 있는 것 같습니다. 선생님은 "예이츠는 민족주의자며 독재주의자다. 예이츠에게는 자신의 생각이라면 모든 것이 '괜찮다', 예이츠는 현실에서 비켜 서 있다.…… 그래서 과학이라는 말도 나중에는 이상하게 바뀌게 된다."고 하셨습니다. 그러나 선생님의 싱긋 웃으시는 모습을 보면 이런 말들이 얼마나 허망한지를 알게 되지요.

모든 강의실을, 모든 학생들을 넘어서는 웃음. 삶의 기쁨을 시간의 옷감 위에, 그리고 선생님과 함께할 때만 느낄 수 있는, 사랑과 낭만이 넘치다 못해 쏟아지는, 소주잔 위에 수놓는 예술 중의 상예술! 선생님께서 이 땅에 남겨 주신 가장 큰 선물이 바로 이것이라고 말입니다.

선생님! 감사합니다. 그리고 사랑합니다. 선생님을 통해 사람이 사람을 어떻게 사랑해야 하는지 깨달았습니다. 고마움 올리며 친구와 술 한잔 기울이며 노래 한 곡 불러 봐야겠습니다.

■ 신문 기사

세속적 한계 뛰어넘은 자유 영혼

"돌연한 부음에 접한다. 영문학자이면서 '낙동강 흘러흘러 어디로 가나' 라고 노래했으니, 그는 나에게 낙동강의 시인이기도 했다." 문학평론가 황국명 인제대 교수가 최근 나온 계간 《작가와 사회》 2006년 봄호 권두 에세이의 말미를 감회로 적셔 놓은 한 구절이다.

지난달 16일, 지병으로 51세의 안타까운 나이로 작고한 이경수 인제대 교수. 그는 문학평론가인 동시에 문학평론가가 아니었고, 시인이었으되 시인이 아니었고, 활동가였으되 활동가가 아니었다. "그 모두를 넘어서는 게 그의 삶이었다"는 게 그를 아는 지인들의 말이다.

한기욱 인제대 교수는 "그는 보통 인물이 아니었다"고 했다. 고인은 평론과 시 쓰기, 민족극 운동, 부산경남민교협 활동 등을 헌신적으로 넘나들었지만 어느 한 틀에 얽매이지 않았다고 한다. 그는 세속의 성과로는 말하기 어려운, 인간의 전 면목을 볼 때 한 차원 다른 삶을 살다갔다는 것이다. 한 교수는 "그는 자유로운 예술가 정신을 삶으로 살았을 뿐"이라고 했다. 1980~90년대 민족극 운동 등을 함께했던 이현석 경성대 교수는 "고인은 요즘 세상에서 보기 힘든 이타적 삶을 살다 가셨다"고 했다. 그는 명망에 전혀 관심 없이 자신을 많은 공적 실천 속에 가감 없이 내던졌다고 한다.

채희완(민족미학연구소장) 부산대 교수는 "그는 1980년대 후반 부산민족문화운동협회의 헌신적 일꾼으로 부산민족문화운동의 최일선에서 뛰었던 이"라고 했다. 또 "그는 예술가적인 정신이 올곧은 맑은 영혼의 소유자였다"고 채 교수는 기억했다.

고인은 영시英詩, 시인 예이츠를 전공했다. "아일랜드인 예이츠는 아름다움과 운동을 결합했던 이였다. 아름다움, 예술과 운동의 결합, 그것이 고인이 살다 가신 삶이다"라고 한기욱 교수는 말했다.

이현석 교수의 말이다. "아직도 쓸쓸합니다. 그 쓸쓸함을 달래기 위해 고인의 유고를 모아 책을 내보려는데 그게 고인의 뜻에 맞는 일인지는 모르겠습니다." 고인은 일체의 고통을 드러내지 않고 아주 의연하게 눈을 감았다는 게 유족의 말이다.

— 최학림 기자 (《부산일보》 2006년 4월 4일자 문화산책)